오리지널의 탄생

KB117457

세계사를 바꾼 28가지 브랜드

오리지널의 탄생

글·그림 세상의모든지식

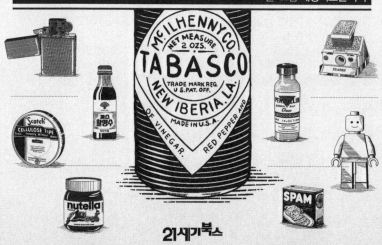

21세기북스

최초이자 최고가 된
브랜드들을 이야기하다

춤추는 곰 모양 젤리 '하리보'를 간식으로 즐기던 독일은 '폭스바겐' 자동차를 개조해 만든 장갑차에 올라타 전쟁을 일으켰고, 전쟁에 겁먹은 아이들을 위해 덴마크의 부모들은 '레고'를 선물로 사줬다. '3M' 스카치 셀로판테이프로 탄약 박스를 포장하던 미군은 전투 식량으로 '스팸'을 먹었으며, 노르망디 상륙 작전의 승리에는 수백만 개의 '페니실린'이 크게 기여했다.

인류의 역사 속에서 수많은 브랜드가 피고 졌다. 이 중에는 역사를 이끌어간 브랜드도, 일상의 방향을 바꾸어놓은 브랜드도 있었다. 역사의 판도를 바꾼 최초의 브랜드, 또는 끈질기게 살아남은 브랜드들의 전설적인 제품들은 존재 자체가 업계를 대표하기도 한다. 무슨 휴지든 크리넥스라 불리고, 모든 즉석카메라가 폴라로이드라고 생각되는 것처럼 말이다. 이런 브랜드들은 우스갯소리로 산전수전 공중전까지 겪었다고 할 수 있을 것이다.

프리랜서 방송국 PD로 생활하며 다큐멘터리 만들던 경험을 바탕으로 2018년 유튜브 '세상의모든지식' 채널을 개설했다. 시간이 가도 때 타지 않고, 색이 바래지 않는 콘텐츠를 만들고 싶어 '지식'이라는 키워드를 선택했고, 유튜브에 나만의 영상 백과사전을 편찬하기 시작했다. 처음부터 지금까지 인물, 역사, 상식, 스포츠 등 세상에 존재하는 모든 정보를 애니메이션 형태로 누구나 이해하기 쉽게 다듬으려 애쓰며 영상을 제작하고 있다.

그러다 우연한 계기로 시작한 '브랜드 백과사전' 시리즈가 구독자들에게 큰 사랑을 받으면서, '최초로 시작되어 최고로서 이토록 오랜 세월 살아남은 브랜드는 무엇이 어떻게 다를까' 하는 궁금증이 들었다. 이 책에서는 구독자들이 관심을 보였던 브랜드들을 모아 일부 새로운 에피소드를 더해 정리했다. 브랜드의 역사라는 자칫하면 다소 지루할 수 있는 이야기에 '어떻게 하면 조금이라도 쉽고 재미있게 접근할 수 있을까?' 고민하며 기존 콘텐츠를 많이 다듬었다. 브랜드마다 설립자가 어떤 환경에서 자라났고 인생철학은 무엇이었으며, 브랜드를 시작한 배경은 무엇이었는지 다시금 살펴보며 개인적으로 값진 인생 수업을 받은 기분이었다.

이 책을 읽는 모든 사람이 나와 같은 경험을 할 수 있으면 좋겠다.

책 분위기와 딱 어울리는 삽화는 세상의모든지식 공동 크리에이터이기도 한 아내가 그려주었다. 만삭의 몸으로 열심히 삽화를 그린 아내와 엄마 배 속에서 힘이 되어준 믿음이 덕에 기나긴 작업을 무사히 마무리할 수 있었다. 마지막까지 함께한 우리 가족에게 감사함을 표한다.

세상의모든지식

차례

생활 속의 오리지널

역사를 바꾼 오리지널

Part I.

식탁 위의
오리지널

식에 대한 고민은
대대로 이어진다.

타바스코
코카콜라
허쉬
켈로그
조지 워싱턴 커피
하리보
스팸
환타
맥도날드
페레로

001

TABASCO

타바스코 1868년

느끼함을 잡아주는 원조 매콤한 소스

피자, 햄버거, 스파게티, 치킨 같은 느끼한 음식을 먹을 때 빼놓을 수 없는 핫소스. 그중 타바스코는 시큼한 향과 강한 매운맛이 매력적인 핫소스의 대표 브랜드다. 타바스코 소스의 주재료는 타바스코 고추인데, 이 고추의 원산지가 멕시코라서 타바스코 소스 또한 멕시코 제품이라고 많이 알고 있지만 그렇지 않다. 타바스코 소스가 미국인 은행원 손에서 개발되었기 때문이다.

"폐허가 된 땅에서
마법의 소스가 탄생하다."

—»» **혹독한 미국 남북전쟁 이후
찾은 매운맛**

예로부터 전쟁은 사회 전반은 물론 개인의 삶에도 예상할 수 없는 수많은 변화를 일으켰다. 1800년대 중반 미국 루이지애나주에서 살던 에드먼드 매킬러니Edmund McIlhenny(1815~1890)의 삶도 마찬가지였다. 루이지애나 은행의 은행원이던 에드먼드는 농장을 운영하던 마리 엘리자 에이버리와 결혼하고 자녀도 낳으며 평범하게 가정을 꾸려나갔다. 에드먼드의 인생은 잔잔하게 흘러가는 듯 보였다. 그의 인생을 송두리째 뒤흔들 전쟁이 시작되기 전까지 말이다.

1861년 4월 노예 제도를 반대하는 북부와 지지하는 남부 사이에 전쟁이 발발했다. 미국 남북전쟁이었다. 에드먼드가 살던 루이지애나를 포함해 사우스캐롤라이나, 미시시피, 플로리다, 앨라배마, 조지아, 텍사스까지 남부에 속한 총 7개의 주는 전쟁을 피할 수 없었다. 에드먼드는 안전을 위해 가족들과 텍사스로 피난을 갔다. 전쟁은 장장 4년이나 이어졌다. 기나긴 전쟁 내내 그는 남부연합군에서 일했고 민간인 직원으로 근무하다 재무 요원으로 발탁되어 봉급까지 담당했다.

전쟁 이후 에드먼드와 가족들은 다시 루이지애나로 돌아왔다. 그리운 고향으로 돌아왔으나 전쟁으로 엉망이 된 루이지애나에는 절망만이 가득했다. 에드먼드는 은행원으로 재취업하려 애썼지만 쉽지 않았고, 아내 마리의 농장도 전쟁 이후 완전히 폐허가

타바스코 고추

되어 당장의 생계가 어려웠다. 결국 에드먼드는 아내와 함께 의기투합해 농장을 재건하기로 결심한다. 그러던 중 우연한 기회로 캅시쿰 프루테스켄스 Capsicum frutescens라는, 일명 타바스코 고추의 씨앗을

얻어 재배했다. 그는 잘 키운 타바스코 고추를 맛본 뒤 특별한 매운맛의 매력에 흠뻑 빠지게 되었다.

타바스코 공식 홈페이지에 따르면 에드먼드는 멕시코 또는 중앙아메리카에서 온 프루테스켄스 고추의 씨앗을 선물 받아 재배했다고 하는데, '누구'에게 받았는지는 언급되지 않는다. 우연히 타바스코 고추와 만난 에드먼드는 이 매운맛이 자신의 인생을 뒤바꿔놓을 줄 알았을까?

──≫ 에드먼드만 아는 타바스코 소스의 비밀

에드먼드는 타바스코 고추를 재배하는 데서 그치지 않았다. 재배한 고추로 싱거운 음식에 곁들여 먹기 좋은 소스까지 개발하기로 마음먹었다. 에드먼드는 소스를 개발할 때 지리적 이점을 톡톡히 활용했다. 부부의 농장이 있던 루이지애나주 뉴올리언스의 에이버리 아일랜드Avery Island는 암염 지대라 소금이 유명한 특산물이었다. 또 루이지애나 토양에서는 사탕수수가 잘 자랐기에 사탕수수로 만드는 식초 또한 쉽게 구할 수 있었다. 이에 타바스코 고추, 에이버리 아일랜드산 암염, 사탕수수로 만든 증류 식초, 이렇게 세 가지 재료로 소스를 만들었다. 에드먼드의 레시피는 다음과 같았다.

일단 적절히 익은 타바스코 고추를 잘 빻은 뒤 참나무통에 넣고 그 위에 에이버리 아일랜드산 암염을 덮어서 한 달간 숙성시킨다. 그다음으로 사탕수수로 만든 증류 식초를 섞어 신맛까지 첨가하면 묽은 타바스코 소스가 완성된다. 이후 맛을 향상시키기 위해서 3년의 숙성 기간을 거쳐야만 비로소 완전한 타바스코 소스라 할 수 있다.

에드먼드는 이 소스에 아내의 농장 이름을 따 프티 앙스Petit Ance 라는 이름을 붙였다. 소스의 이름은 이후 멕시코 원주민 언어로 '뜨겁고 온화한 토양'을 의미하는 '타바스코Tabasco'로 바뀌었다. 현재의 타바스코 소스가 정립된 셈이다. 타바스코는 아직까지 초기 제조법을 그대로 사용하고 있으며 맛의 맥을 이어주는 레시피는 대대로 회사를 운영하는 가족에게만 비밀스럽게 물려준다고 한다.

한편 1850년 1월 26일 자 〈뉴올리언스 매일델타〉라는 신문에는 이러한 기사가 실린다.

"마운셀 화이트가 유명한 토바스코Tobasco 고추를 들여와서 이웃에게 공급하고 국가적으로 확산시킬 목적으로 대량 재배하고 있다. 토바스코 고추는 기름진 성질을 가져서 건조 보관이 어렵기 때문에 끓인 뒤 강한 식초를 뿌려서 특성을 가장 집중시킨 형태의 소스로 만들었다."

여기서 토바스코 고추라고 쓰여진 것은 타바스코 고추의 오타로 추정된다. 마운셀 화이트는 자신이 타바스코 고추와 소스 레시피를 당시 친분이 있던 에드먼드에게 줬다고 주장하지만, 에드먼드가 정말 그에게서 타바스코 고추의 씨앗과 레시피를 받았는지는 확인되지 않는다. 여담으로 마운셀의 타바스코 페퍼 소스도 아들에 의해 상업화되었으나 가족들이 죽고 난 뒤 폐업했다.

──» 세계 시장을 잡은 타바스코의 상품화 전략

1868년 에드먼드는 매킬러니 컴퍼니Mcllhenny Company를 설립하고 정식 판매 유통을 목적으로 타바스코 고추를 재배하기 시작했다. 대량 유통하려면 일정한 맛을 유지하는 것이 중요했는데, 그러려면 타바스코 소스의 주재료인 타바스코 고추의 익은 정도가 모두 일정해야 했다. 에드먼드는 고민 끝에 적절하게 익은 타바스코 고추를 선별하기 위해 특별한 장치를 고안해냈다. 르 프티 배턴 루지Le petit baton rouge라고 불리는 나무 막대기였다. 적절하게 익었을 때의 고추 색을 나무 막대기에 칠한 다음, 그 색깔과 비교하는 방식으로 적당히 익은 타바스코 고추만 수확

르 프티 배턴 루지

한 것이다. 이 방식은 현재도 사용되며 타바스코 소스 공식 홈페이지에서 르 프티 배턴 루지를 기념품으로 구매할 수도 있다.

1869년 타바스코 소스를 작은 향수병에 담고 코르크 마개로 막은 뒤 초록색 밀랍으로 밀봉한 첫 번째 상품이 출시되었다. 1870년에는 타바스코 소스에 대한 특허도 출원했다. 타바스코 소스는 에드먼드의 먼 친척이 도매상으로 일하던 뉴욕의 한 대형 마트에도 유통되었으며, 뉴올리언스 레스토랑에도 소량 판매되었다.

시간이 흐르자 타바스코 소스의 매운맛이 굴 같은 해산물과 잘 어울린다는 평이 소문난 덕분에 뉴욕, 필라델피아, 사바나, 모빌 등의 항구 도시에서 주문이 들어왔다. 입소문과 함께 유통망이 점차 미국 전체로 확장되더니, 1872년에는 유럽 시장 진출을 위한 사무실까지 개설했다. 타바스코 소스의 수요가 계속해서 증가하자, 매킬러니 컴퍼니는 소스 병의 뚜껑을 코르크 마개 대신 금속 상판으로 교체하면서 상품을 개선했다.

에드먼드가 1890년에 세상을 떠나면서 아들인 에드워드 에이버리 매킬러니Edward Avery McIlhenny(1872~1949)가 회사를 맡았다. 에드워드는 대량 생산을 위한 현대화 시스템을 도입했지만, 가장 핵심적인 발효 과정만큼은 사람이 직접 진행하도록 유지했다. 상표 등록도 1905년에야 에드워드가 했는데 상품화된 지 36년 만이었다. 타바스코 소스의 상징인 다이아몬드 로고도 상표 등록과 동시에 만들어졌다.

1927년 에드워드는 60년간 밀랍 밀봉해서 사용하던 기존의 병을 버리고 뚜껑을 돌려서 여는 새로운 디자인의 병을 개발했다. 기존 다이아몬드 로고도 좀 더 보기 쉽게 수정했는데 이때 만들어진 로고가 여전히 타바스코 소스를 대표하고 있다. 이 로고는 마니아들이 있을 정도로 사랑받는다. 이에 타바스코 본사는 매년 다이아몬드 로고가 박힌 새롭고 다양한 굿즈를 판매하고 있다.

──≫ 타바스코 소스를 알린
최고의 마케팅은 전쟁이었다?

1941년 12월 7일 일본 제국은 미국 하와이의 진주만 기지를 공습했다. 미국은 이 사건을 계기로 제2차 세계대전에 참전했다. 당시 미국 해병대에 복무 중이던 에드먼드의 증손자인 월터 스타우퍼 매킬러니Walter Stauffer McIlhenny(1910~1985) 역시 제2차 세계대전의 전선 중 하나인 태평양 전쟁에 참전했다. 그리고 그곳에서 미군 전투 식량인 시-레이션C-ration을 경험한다.

시간이 흘러 1959년 해병대 준장으로 전역한 월터는 매킬러니 컴퍼니의 경영을 맡았다. 어떻게 타바스코 소스를 사람들에게 더 효과적으로 홍보할 수 있을까 고민하다 일반 시장에서 눈을 돌려 전투 식량 시장에 뛰어들기로 결심했다. 당시 전투 식량은 염장 고기 등 여러 음식을 조리해놓은 통조림 형태였는데 종류가 한정되어 있었다. 그렇기에 병사들은 어떻게든 전투 식량을 활용해 새롭게 조리해 먹을 궁리를 많이 했다. 오랫동안 군에서 복무한 월터는 이러한 사정을 잘 알았기에 새로운 마케팅 전략을 세울 수 있었던 것이다.

베트남 전쟁이 한창이던 1966년 월터는 타바스코 소스가 담긴 소포 상자를 마치 군인들의 가족이 보낸 것처럼 꾸며 전쟁터로 보냈다. 월터는 군인들의 심정을 잘 알았기에 이 소포 상자가 고향에 대한 향수를 자극할 것이라 생각했다. 소포 상자 속에는 타바스코 소스만 들어 있는 것이 아니었다. 전투 식량과 타바스코 소스, 그리고 소포 안의 재료를 활용해 만들 수 있는 레시피도 들어 있었다. 맛있는 음식이 병사들에게 얼마나 큰 영향을 미치는지 알기에 생각해낼 수 있는 기발한 아이디어였다.

월터의 전략은 성공적이었다. 이후 미국의 전투 식량에는 타바스코 소스가 빠지지 않았다. 소비자의 입장에서 생각한 작은 배려와 경험에서 우러난 번뜩이는 마케팅이 타바스코를 공식적인 전투 식량으로 만든 셈이다. 걸프전의 영웅으로 불리는 미 육군사령관 허버트 노먼 슈워츠코프 주니어는 다음 같은 감사 편지를 보내기도 했다.

"당신의 제품은 군에서 항상 수요가 있소. 나는 수년간 타바스

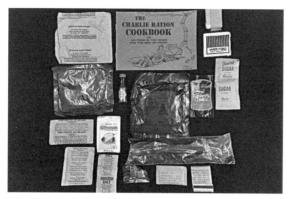

윌터 매킬러니가 베트남 전쟁에 보낸 타바스코 소포 상자

코 소스 덕에 배식 음식을 즐겁게 먹었소."

타바스코 소스는 군인들의 입맛을 사로잡은 것에서 한발 더 나아가 미 항공우주국NASA에서 지정한 우주 식량으로 이름을 올렸다. 그 결과 국제우주정거장, 우주왕복선에서도 이 특별한 매운맛을 즐기고 있다.

AND SO ON

'핫소스 주세요'가 곧 '타바스코 소스 주세요'

모든 브랜드가 업계를 대표하는 제품 전체를 일컫는 보통 명사로 불리기를 바랄 것이다. 전쟁 때문에 개발되어 전쟁으로 인해 큰 인기를 누리게 된 타바스코 소스는 핫소스 브랜드 전쟁에서 적수가 없는 강자로 우뚝 섰다.

002

CocaCola

코카콜라 1886년

약으로 개발된 탄산음료

여러 선택지 중 하나를 고를 때 부르는 구전 동요가 있다. "코카콜라 맛있다. 맛있으면 또 먹어, 또 먹으면 배탈 나." 이어지는 가사는 지역마다 다르지만 '코카콜라 맛있다'라는 첫 가사는 전국 어디에서나 똑같다. 유래는 알 수 없지만, 아무도 코카콜라가 맛있다는 가사에 의문을 제기하지 않으니 코카콜라가 맛있음에 전 국민이 암묵적으로 동의한 셈이다. 그런데 이 맛있는 콜라가 처음에는 약으로 개발되었다는 사실을 아는 사람은 드물다. 코카콜라는 어떻게 약에서 음료 대기업으로 자리잡았을까?

"코카콜라의 '코카'가
마약 '코카인'을 가리킨다고?"

⟶» 약을 대체하는
마약

"오늘날 현대 의학이라고 불리는 것은 많은 부분에서 치명적인 독이다. 그러니 하나님께서 인류의 유익을 위해 준비하신 자연적인 약에 관심을 돌려야 한다."

19세기에 미국의 약초학자이자 식물학자인 사무엘 톰슨이 한 말이다. 어릴 때부터 현대 의학을 불신하던 톰슨은 오랫동안 약용 채소를 연구해 자체적으로 톰소니언 시스템Thomsonian system이라는 대체 의학을 개발했다. 이 대체 의학은 나름 큰 인기를 끌었다. 톰슨은 제자들도 키워냈는데, 이 중에 코카콜라의 창시자 존 스티스

펨버턴^{John Stith Pemberton}(1831~1888)이 있었다.

1831년에 태어난 존은 어려서부터 의학과 화학에 관심이 많았다. 이에 톰소니언 의학을 가르치던 리폼 메디컬 칼리지에서 의학과 약학을 함께 공부했다. 1850년에는 톰소니언 시스템 라이선스를 취득했고 5년 뒤에는 조지아주 콜럼버스에 약국을 열었다. 존은 다양한 의약품과 화학 약품을 제조하고 직수입하는 제약 및 화학 제조회사도 설립했다. 존의 인생은 말 그대로 승승장구했다. 1861년 미국 남북전쟁이 일어나기 전까지 말이다.

1862년 존은 조지아주 경비대 제3기병대대의 창립 멤버이자 중위 계급으로 남부연합군에 입대했다. 4년간 전쟁터를 누비던 그는 1865년 4월에는 남북전쟁의 마지막 전투 중 하나인 콜럼버스 전투에 참전했다. 그리고 바로 그날 가슴께에 칼에 의한 치명상을 입고 말았다.

얼마 지나지 않아 남북전쟁은 북군의 승리로 끝났다. 평화가 찾아온 뒤 존은 다시 자신의 사업으로 복귀했지만, 예전과 달리 문제가 있었다. 가장 큰 문제는 콜럼버스 전투 때 가슴에 입은 상처로 인한 고통이었다. 마약성 진통제인 모르핀을 계속 투여하다 보니 약에 대한 내성이 생기고 중독 증상도 나타났다. 다행히 존은 모르핀을 대체할 약물을 찾을 능력이 있었다. 그렇게 찾아낸 것이 바로 코카인이었다.

——» **마약과**
        알코올 사이

현재는 마약이지만, 1914년까지는 코카인도 합법적으로 유통되었다. 최초의 코카인 음료인 뱅 마리아니^{Vin Mariani}도 1863년부터 인기리에 판매 중이었다. 파리의 약사 안젤로 마리아니^{Angelo Mariani}가 와인에 코카인을 넣어 만든 뱅 마리아니는 당시 마약으로 분류되지 않았다. 그러나 지금 시점으로 보면 진짜 마약이 들어간 마약 알코올이었다. 코카인 성분의 효과 때문에 우울증 치료 및 에너지 회복제로 판매됐는데 마약 성분 덕인지 선풍적인 인기를 끌었다.

존은 뱅 마리아니를 사서 마시는 대신 직접 코카 와인을 만들어 보기로 마음먹었다. 콜럼버스에 있는 실험실에서 이런저런 레시피를 실험해본 결과 최종적으로 코카 잎 추출물과 아프리카 열대 열매인 콜라너트^{Kolanut}, 와인을 조합한 존만의 코카 와인 레시피가 완성됐다. 존의 레시피에는 비장의 재료가 한 가지 더 들어갔다. 바로 흥분제로 쓰이는 다미아나^{Damiana}라는 꽃의 추출물이었다.

마약과 흥분제라는 필승 레시피로 만들어진 코카 와인에 존은 '펨버턴의 프렌치 와인 코카'라는 이름을 붙였다. 상품으로 만들어 판매하기 위해서였다. 존은 프렌치 와인 코카가 '만병통치약'

이라고 광고하며 특히 성 기능 향상에 탁월하다고 주장했다. 코카인을 원료로 만들어진 펨버턴의 프렌치 와인 코카는 특히 애틀랜타를 중심으로 큰 인기를 끌었다. 펨버턴의 프렌치 와인 코카 생산지를 애틀랜타로 옮길 정도였다. 그렇지만 얼마 뒤 시련이 닥쳐왔다. 이 코카인 음료가 '술'이었기 때문이다.

⟶⟫ 코카콜라라는 브랜드의 탄생

1850년대부터 미국 내에서는 정치인과 종교인 중심으로 술을 금하는, 금주 운동이 펼쳐졌다. 1851년 미국 메인주에서 최초로 시행한 금주법은 이후 미국 전역으로 퍼져갔다. 존이 살고 있던 조지아주에서도 1886년에 마침내 금주법이 통과되며 펨버턴의 프렌치 와인 코카는 큰 위기를 맞이한다.

존은 하는 수 없이 술을 뺀 프렌치 와인 코카의 무알콜 레시피 개발 실험을 시작했지만, 무알콜 음료 개발은 쉽지 않았다. 그러던 1886년 5월 8일 존은 새롭게 배합한 베이스 시럽을 자기 연구실 근처의 제이콥스 약국으로 보냈다. 당시 미국 약국에는 소다 파운틴이라는 탄산수 제조 기계가 있었다. 소다 파운틴으로 만든 탄산수에 존의 베이스 시럽을 넣고 저었더니 꽤 맛이 괜찮은 음료가 만들어졌다.

존은 새로 개발한 음료의 이름을 정하기 위해 콘테스트를 열었다. 이때 존의 전담 회계사 프랭크 로빈슨Frank Robinson이 음료의 주재료인 코카Coca와 콜라너트Kolanut를 붙인 코카콜라Coca-Cola라는 이름을 제안했다. 프랭크는 "콜라너트는 C가 아니라 K를 쓰지만 발음은 똑같기 때문에 C가 두 번 들어가는 것이 더 좋을 것"이라고도 덧붙였다. 그렇게 우리가 지금 아는 코카콜라가 탄생했다. 참고로 현재까지 사용되는 코카콜라의 로고 역시 프랭크 로빈슨의 작품인데, 2개의 C가 강조되도록 프랭크가 스펜서리안 스크립트Spencerian Script라는 정통 필기체로 직접 쓴 로고이다.

최초의 코카콜라는 약국에서 잔당 5센트에 팔았다. 하지만 현재는 부동의 세계 1위 음료인 코카콜라라도 처음부터 잘 팔리지는 않았다. 존은 무려 74달러나 들여 애틀랜타 저널 등에 광고했으나 하루에 겨우 6잔가량 팔리기 일쑤였다. 결국 판매 첫해 수익은 50달러 남짓으로 적자를 면치 못했다. 이후 위암으로 건강이 악화된 존은 코카콜라의 성공을 보지 못하고 1888년 8월 16일 세상을 떠났다.

존은 죽기 전 코카콜라의 지분을 주변인들에게 나눠서 처분했다. 이 주변인 중 아사 캔들러Asa Candler(1851~1929)라는 약재 도매상이 있었다. 코카콜라의 잠재력을 알아본 아사는 1892년 2,400달러(당시 약 122만 원)를 투자하여 코카콜라에 대한 제조, 판매 등 모든 권리를 사들였고 코카콜라의 로고를 만든 프랭크 로빈슨과 함께 코카콜라 컴퍼니를 설립했다.

──» 따라 할 수 없는 특별함, 컨투어 병

아사는 본격적으로 코카콜라를 널리 알리기 위한 방안을 여럿 마련했다. 무료 시음 쿠폰을 발행하고 코카콜라 로고를 활용한 기념품도 이것저것 제작했다. 그 결과 코카콜라는 판매량이 급증하며 애틀랜타를 넘어 미국 전 지역으로 퍼져갔다. 1895년에 이르러 미국 내 모든 주에서 판매되었고 판매량은 약 28만 4,830리터를 기록했다. 그러다 보니 공급량이 수요량을 못 따라가는 상황까지 벌어졌다.

그러던 1894년 아사는 미시시피주의 사업가 조셉 비덴한으로부터 코카콜라 원액을 대량으로 살 테니 미시시피주 내에서 독점 판매하게 해달라는 제안을 받는다. 아사는 이 방법으로 공급량 부족 현상을 해결할 수 있으리라 생각하고, 미국 전 지역의 병 제조업자들과 독점 계약을 했다. 코카콜라 본사에서 원액을 공급하면 병 제조업자인 보틀러Bottler들이 자기들이 만든 병에 원액과 탄산수를 담아서 판매하는 보틀링 시스템을 도입한 것이다. 그런데 문제가 하나 있었다. 보틀링 시스템 자체는 좋은 시도였지만 시스템

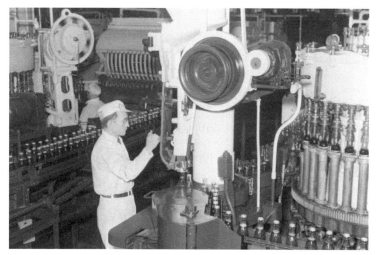

보틀링 시스템을 도입한 코카콜라 공장

특성상 지역의 보틀러마다 병의 디자인이 조금씩 다르다는 것이
었다. 이 때문에 짝퉁 콜라들도 함께 쏟아져 나왔다.

　초기 코카콜라는 허친슨 병이라 불리는 병에 담겨 판매되었다.
1879년 찰스 허친슨이란 사람이 고무와 와이어 스프링으로 코르
크 마개를 대신할 뚜껑을 만들어 특허까지 받은 병이었다. 이후
1900년대부터는 병목 부분이 가늘어지는 지금의 맥주병과 비슷
한 디자인의 병을 사용했다. 보틀러들은 짝퉁 문제를 해결하기 위
해 코카콜라를 상징하는 병을 제작하여, 모든 보틀러가 같은 디자
인의 병을 사용하면 어떻겠냐고 제안했다. 이에 1915년 코카콜라
의 새로운 병 디자인 콘테스트가 개최됐다.

코카콜라 컨투어 병 디자인 특허 문서

콘테스트에서 최종 채택된 병 디자인은 루트 유리 컴퍼니의 디자이너인 알렉산더 사무엘슨Alexander Samuelson과 얼 딘Earl R. Dean이 공동으로 제출한 것이었다. 두 사람의 병 디자인은 코코넛 열매의 라인을 흉내 낸 병의 곡선뿐만 아니라 코코넛 열매의 세로 주름에서 영감을 받아 추가한 주름까지 눈에 띄었다. 새로운 병은 '어두운 곳에서도 쉽게 구분할 수 있다' 하여, 윤곽을 의미하는 '컨투어Contour'라는 단어를 붙여 컨투어 병이라 불렀다. 세월이 지나면서 디자인은 조금 수정되었지만, 곡선 라인과 세로줄로 대표되는 컨투어 병은 지금까지도 코카콜라를 상징한다.

⟶≫ 코카인과의 완전한 작별

최초의 코카콜라에는 1L당 39g 정도의 코카 잎이 들어갔다고 전해진다. 여기에 콜라너트에서 추출한 카페인과 설탕 시럽 등이 혼합된 것으로 알려졌지만 정확한 레시피는 공개된 적 없다. 존의 레시피는 아사 캔들러에게만 전달되었기 때문이다.

미국에서 코카인이 공식적으로 금지된 것은 1914년이었지만, 아사는 그보다 일찍 코카인의 비율을 줄이고 있었다. 코카인의 위험성을 미리 인지한 덕이었다. 1903년에 이르러서는 구연산과 다양한 천연향료로 코카 잎을 대체하며 레시피상에서 완전히 제거하고 지금의 코카콜라 레시피를 완성했다. 그 덕분에 1914년 코카인이 법으로 금지되었을 때 코카콜라 컴퍼니는 아무런 문제를 겪지 않았다.

아사는 레시피 공식을 보호하기 위해 코카콜라의 병 라벨에 기재되는 성분 표시도 암호화하여 관리했다. 특허 신청 후 20년은 독점 보호를 받을 수 있지만 그 후에는 공개되어야 하기에 특허 신청도 하지 않았다. 현재도 코카콜라의 레시피는 전 세계에서 단 2명만 알고 있으며, 레시피는 보안 금고에 보관되어 코카콜라 팬들의 호기심을 자극하고 있다.

AND SO ON

위기를 기회로 만드는 코카콜라의 연금술
코카콜라는 금주법, 코카인의 마약 지정, 어린아이들에게 유해한 음료라는 지적 등 수많은 위기와 맞닥뜨렸지만 위기의 순간마다 상황에 맞춘 적절한 대응으로 여전히 부동의 세계 1위를 지키고 있다.

003

HERSHEY'S

허쉬 1894년

먹는 순간 행복해지는 초콜릿

이름만 들어도 달콤해지는 120년 전통의 초콜
릿 명가 허쉬. 허쉬는 초콜릿 업계에서 처음 대
량 생산 기법을 도입해 밀크 초콜릿을 더 많은
사람이 즐길 수 있게 만든 기업으로 유명하다.
브랜드 철학이 '행복'이라 말하는 허쉬는 원래
초콜릿 가게가 아니라 사탕 가게로 시작했다.

"사치품이었던 초콜릿을
대중에게 선물하다."

——» 캐러멜보다
초콜릿이 좋아!

1886년 밀턴 허시Milton Hershey(1857~1945)는 미국 펜실베이니아주 랭커스터에서 캐러멜 가게를 운영하고 있었다. 과거 한 차례의 사탕 가게와 두 차례의 캐러멜 가게를 말아먹은 뒤였지만, 사업에 대한 열망으로 네 번째 가게를 개업한 것이었다.

밀턴은 어린 시절 가난했던 가정환경 탓에 제대로 정규 교육을 받지는 못했어도 평소 사탕 만들기에 관심이 많았다. 그런 아들을 유심히 지켜보던 어머니가 밀턴을 제과사의 제자로 보내면서 다양한 과자 제조법을 익히게 된다. 그 후로 떠돌아다니며 캐러멜 제조법까지 익힌 밀턴은 캐러멜이 한 번에 많이 팔리는 특성이 있다는 것을 알아차렸다. 캐러멜에 한 방이 있으리라 믿은 밀턴은 연이은 사업 실패에도 굴하지 않고 고향으로 돌아와 대출까지 받아 네 번째 캐러멜 사업을 차렸다.

밀턴의 믿음은 틀리지 않았다. 밀턴의 가게에서 캐러멜을 하나 맛본 어떤 영국 사업가가 그 맛에 완전히 매료돼 영국에 가져가서 팔 만큼, 엄청난 양의 캐러멜을 주문한 것이다. 얼마나 큰 거래였는지 밀턴이 네 번째 가게를 열기 위해 빌린 은행 대출을 다 갚고도 남을 정도였다. 이후 밀턴의 캐러멜 가게는 1890년대 초 1,400명의 직원을 거느린 큰 기업으로 성장한다.

그러던 1893년 시카고에서 만국 박람회가 열렸다. 크리스토퍼 콜럼버스의 신대륙 발견 400주년을 기념하며 열린 행사였다. 밀턴 역시 이 행사를 방문했다. 이 행사의 한편에는 독일 초콜릿 제조 기계들이 전시 중이었는데, 밀턴은 거기서 초콜릿을 하나 맛보고는 그 매력에 퐁당 빠져버렸다. 바로 초콜릿 기계를 구입해버릴 정도로 말이다.

밀턴은 1894년 랭커스터 캐러멜 공장의 자회사인 허쉬 초콜릿 컴퍼니를 설립한 뒤 기존의 캐러멜에 초콜릿 코팅 등을 시도하며 다양한 초콜릿 상품 개발을 시작했다. 그러다 온전히 초콜릿에만 집중하고 싶어져 1900년에 성공 가도를 달리던 랭커스터 캐러멜 공장을 100만 달러에 경쟁업체로 팔아버렸다.

──» ### 허쉬의 초콜릿은
맛이 다르다?

밀턴이 겨우 자리잡은 사업을 팔아버린 이유는 꼭 개발하고 싶은 것이 있었기 때문이다. 바로 밀크 초콜릿! 당시 밀크 초콜릿은 스위스에서만 유일하게 만들어지는 아주 값비싼 고급 간식으로 사치품에 해당했다. 우유와 설탕, 카카오를 적절한 비율로 섞어야만 밀크 초콜릿을 만들 수 있었는데, 스위스에서는 밀크 초콜릿의 황금 비율을 철저히 비밀로 했기 때문이다. 공급량이 적어 희소성이 컸던 만큼 당시 밀크 초콜릿은 부유층의 전유물이었다.

밀턴은 일반 대중에게 밀크 초콜릿을 공급하면 대박 날 수밖에 없으리라고 생각했다. 이에 우유, 카카오, 설탕을 가지고 열심히 연구하며 최상의 밀크 초콜릿 제조 비율을 찾기 위해 노력했다. 3년의 연구 끝에 자신만의 밀크 초콜릿 레시피 개발에 성공한 밀턴은 세계에서 가장 큰 초콜릿 공장을 짓겠다고 다짐하며 고향인 데리 타운십으로 돌아왔다.

고향에 돌아온 밀턴은 가장 먼저 새로운 공장을 짓기 위해 땅부터 인수했다. 그가 선택한 부지 주변에는 유독 소를 키우는 목장이 많았다. 대량의 밀크 초콜릿을 생산하려면 신선한 우유가 필수

허쉬 초콜릿 공장

최초의 허쉬 밀크 초콜릿 포장지

재료였는데, 공장 부지 근처에서 쉽게 신선한 우유를 구할 수 있었으니 최적의 초콜릿 공장 부지를 택한 셈이었다.

밀턴의 초대형 최신식 초콜릿 공장은 2년 만에 완공되었다. 그곳에서 처음 생산된 제품이 바로 허쉬 밀크 초콜릿이다. 이 밀크 초콜릿은 밀턴의 예상대로 출시되자마자 무서운 속도로 판매되며, 순식간에 전국으로 퍼져나갔다. 그렇게 허쉬의 밀크 초콜릿은 미국 전 지역에서 판매된 최초의 초콜릿이 되었다.

──≫ **대량 생산이**
만들어준 경쟁력

밀턴이 대량으로 초콜릿을 생산해 단가를 낮춘 덕에 부유한 사람들만 즐기던 밀크 초콜릿의 가격은 평범한 사람들도 맛볼 수 있을 만큼 저렴해졌다. 밀턴의 초콜릿 사업이 초대박을 낸 비결에는 '대량 생산으로 가격을 저렴하게'라는 전략이 있었던 셈이다.

허쉬사는 초콜릿 대량 생산을 위해 컨베이어 벨트와 노즐로 제조 기계도 만들었다. 노즐에서 컨베이어 벨트로 원물을 떨어뜨리면 눈물방울 모양 초콜릿이 만들어졌다. 이것이 바로 허쉬의 또 다른 대표 초콜릿인 키세스Kisses다. 허쉬사는 초콜릿을 손에 쥐고 싶어 하는 고객의 심리를 꿰뚫고 하나하나 알루미늄포일로 개별 포장했는데, 키세스 전용 포장 기계가 개발되기 전인 1921년까지는 직원들이 하나하나 수공업으로 포장했다고 한다.

허쉬 공장에서 키세스를 포장하는 공장 직원들

'키세스'라는 이름의 어원은 허쉬사에서도 제대로 밝히고 있지 않기 때문에 아직까지 미스터리다. 노즐에서 초콜릿이 나올 때 마치 키스하듯 '쪽쪽' 소리가 나서 그렇게 지어졌다는 소문이 있지만, 전문가들은 그보다 당시 한입 크기의 캔디 조각을 '키스Kiss'라고 부르던 것이 유래가 아닐까 추정하고 있다. 재미있는 사실은 키스가 보편적인 단어라는 이유로 키세스는 무려 94년이나 상표 등록을 하지 못한 채 판매됐다는 점이다.

'키세스'의 상표권을 따내기 위해 허쉬사는 2001년 미국인들을 대상으로 대규모 설문조사를 실시했다. '키세스는 허쉬 초콜릿'이라는 인식이 있는지 확인하기 위해서였다. 이 설문조사 덕에 법원은 허쉬사가 키세스라는 단어를 독점적으로 쓰도록 드디어 허용했다. 힘겹게 공식 이름을 얻은 허쉬 키세스는 여전히 전 세계의 많은 사람에게 사랑받고 있다. 펜실베이니아 허쉬 공장의 키세스 생산 시설은 24시간 연중무휴로 매일 8,000만 개 이상의 키세스를 생산하고 있다고 한다.

사실 키세스가 눈물방울 모양을 한 최초의 초콜릿은 아니다. 당시 펜실베이니아에는 윌버Wilbur라는 또 다른 초콜릿 공장이 있었다. 윌버에서는 1894년부터 윌버 버드라는 눈물방울 모양의 초콜릿을 생산했는데, 특수 제작한 몰드에 녹인 초콜릿을 일일이 짜내 굳히는 방식으로 제조된 수제 초콜릿이었다. 바닥에는 윌버라는 글씨도 새겨져 있었다. 최초의 눈물방울 모양 초콜릿인 윌버 버드는 대량 생산 시스템이 아니었기에 키세스와의 경쟁에서 밀릴 수밖에 없었다.

⟶≫ 히틀러의 비밀 무기?

　　제2차 세계대전이 일어나면서 24시간 연중무휴로 제조되던 허쉬 키세스의 생산이 잠시 중단되었다. 초콜릿으로 만든 비상용 전투 식량 디-레이션D-ration 생산을 위해서였다. 사실 디-레이션은 전쟁이 일어나기 전 이미 개발되었다. 1937년 미 육군 사령관 폴 로건 대령이 허쉬사에 비상시 간편하게 에너지를 섭취할 수 있으며 병사들의 사기까지 높일 수 있는 초콜릿 에너지 바의 개발을 의뢰했기 때문이다.

　　당시 폴 로건의 요구 사항은 네 가지였다. 첫째는 휴대하기 좋은 4온스(약 115g)의 무게, 둘째는 충분한 에너지 공급을 위한 고칼로리, 셋째는 화씨 90도(섭씨 약 32도)의 고온에서도 녹지 않는 내열성, 넷째는 삶은 감자보다 조금 나은 맛이었다. 최대치로 에너지를 공급하기 위해서는 병사들이 천천히 먹어야 했는데, 너무 맛있게 만들면 빨리 먹어치우지는 않을까 염려한 탓이었다.

　　허쉬사는 요구 사항을 제대로 반영해 초콜릿 바를 만들었다.

전투식량 디-레이션 초콜릿 바

그 탓에 너무 딱딱해서 먹기 불편한 이 초콜릿 바를 병사들은 '히틀러의 비밀 무기'라고 부를 정도였다. 그럼에도 불구하고 디-레이션은 훌륭한 전투 식량이었다. 이후 미군의 추가 의뢰로 디-레이션을 조금 더 맛있게 만든 허쉬 트로피칼 초콜릿 바가 개발되었다.

제2차 세계대전 동안 공급된 디-레이션 초콜릿 바와 트로피칼 초콜릿 바는 무려 30억 개 이상이라고 한다. 모두 다 밀턴이 구축해놓은 초대형 최신식 제조 시스템 덕분이었다. 당시 허쉬사는 초콜릿 바를 일주일에 2,400만 개 이상 생산했으며, 심지어 탱크 등의 기계 부품까지 만들었다고 전해진다.

지구에서 가장 달콤한 도시

미국 펜실베이니아주에는 허시라는 도시가 있다. 밀턴 허시는 처음 이곳에 초콜릿 공장을 설립하면서 인근에 직원들을 위한 주택, 교통, 학교, 문화시설 등을 조성했는데, 차츰 규모가 커지면서 현재와 같은 도시의 형태가 된 것이다. 현재 이곳에는 허쉬 브랜드 제품인 초콜릿을 테마로 한 거대한 놀이공원이 세워졌다. 도시 전체가 초콜릿 테마파크인 이 달콤한 도시에는 매년 많은 관광객이 모여들고 있다.

004

Kellogg's

켈로그 1906년

간편한 아침 식사의 대명사, 시리얼

우유만 부으면 맛있게 한 끼를 해결할 수 있는 간편식의 대명사, 시리얼. 전 세계인의
든든한 아침 식사를 책임지고 있는 시리얼을 처음 개발한 브랜드는 어디일까? 켈로그?
포스트? 세계에서 가장 유명한 시리얼 회사 두 곳은 사실 모두 하나의 요양원에서 탄생
했다. 성욕 억제를 위한 건강식을 개발하던 중 우연히 시리얼이 만들어졌기 때문이다.

"콘플레이크의 기획 의도는
성욕 억제였다?"

──≫ 종교적 신념에서
출발한 시리얼

    1850년대 미국 미시간주의 한 마을 배틀크릭에는 제임스 화이트과 앨런 화이트 부부가 살고 있었다. 이 부부는 제칠일안식일예수재림교회(이하 안식교)를 창립했는데, 존 프레스톤 켈로그와 앤 재닛 스탠리 켈로그 부부도 창립 멤버였다. 켈로그 부부의 아들, 존 하비 켈로그^{John Harvey Kellogg}(1852~1943)도 자연스럽게 안식교를 믿으며 자라났다.

  존 프레스톤은 종교적인 이유로 자녀들을 학교에 보내지 않았다. 존 하비도 정규 교육을 받지 못하고 아버지의 빗자루 공장에서 일을 도와야 했지만, 책 읽기를 좋아하고 똑똑했던 존 하비는 독서로 다양한 분야를 독학했다. 그러다 1864년 안식교의 창립자인 제임스 화이트가 운영하던 출판사에서 견습생으로 일을 시작했다. 이 출판사에서는 제임스의 아내 앨런 화이트가 집필한 건강 개혁에 관한 책들을 많이 출판했다. 자연스럽게 존 하비도 앨런 화이트가 주장하는 안식교의 종교적 의무인 건강한 삶에 관심을 갖고 자연요법과 예방 의학, 채식주의 등 건강 관련 연구를 시작했다.

──≫ 식욕과 성욕이
질병을 유발한다고?

1872년 안식교는 전통 의학을 비판하며 자신들의 교리에 맞는 전문 의사가 필요하다는 판단을 내렸다. 안식교 지도자들은 존 하비를 포함해 똑똑한 몇 사람을 뽑아 뉴저지에서 물 치료, 자연 위생, 채식주의 등의 대체 의학을 가르치던 러셀 트랄Russell Tral의 5개월짜리 의학 교육 과정을 이수하게 했다. 이때의 경험으로 존 하비는 의학과 건강 개혁에 대해 본격적으로 공부해야겠다고 마음먹었다. 이후 미시간 대학교 의과대학과 뉴욕시 벨뷰 병원의 의과대학에서 공부한 존 하비는 1875년 공식적으로 의학 학위를 취득했다.

배틀크릭으로 돌아온 존 하비는 웨스턴 건강 개혁 연구소라는 곳을 인수하고 이곳의 이름을 배틀크릭 요양소로 바꾸었다. 이 연구소는 원래 의학 요법을 위해 안식교에서 세운 곳으로, 존 하비가 인수할 당시 환자가 몇 없어서 망하기 직전이었다.

1877년 배틀크릭 요양소에 아픈 이모를 보살피기 위해 엘라 이튼이란 여성이 찾아왔다. 배틀크릭 연구소에 머무르면서 엘라는 위생이란 개념에 흥미를 가지게 되었다. 자연스럽게 위생 학교에 입학하여 위생학, 해부학, 생리학 등 치료에 대해 전문적으로 공부했다.

그리고 여러모로 많이 통하던 엘라 이튼과 존 하비는 1879년에 결혼했다. 이들의 결혼 생활은 조금 특별했다. 위생에 철저한 신념을 가지고 있던 둘은 식욕과 성욕이 질병을 유발한다고 믿었다. 그래서 이 부부는 결혼했음에도 각방을 쓰며 철저히 금욕 생활을 유지했다. 당연히 둘 사이에 자녀도 없었다. 대신 두 사람은 40여 명의 아이들을 입양했다.

──≫ **예산을 아끼려면**
돌멩이처럼 굳은 반죽도 살려야 한다!

존 하비는 자신들뿐만 아니라 요양소 환자들의 식욕과 성욕을 억제하기 위해 아내 엘라와 함께 양념이 강하고 자극적인 음식 대신 채식 위주의 건강식을 연구했다. 그들이 개발한 식품

중에는 곡물로 만든 비스킷, '그래놀라Granola'도 있다. 존 하비는 이뿐만 아니라 치아가 약한 환자들도 견과류를 먹을 수 있게 땅콩 버터를 만들고, 고기 대신 단백질을 섭취할 수 있는 음식 등을 개발했다. 하지만 안타깝게도 건강한 채식 식단은 요양소 환자들에게 그저 맛없는 음식일 뿐이었다. 환자들이 음식이 맛없다고 투덜거리자 존 하비는 건강하면서도 환자들이 맛있게 먹을 수 있는 식품을 연구했다.

1894년 8월 존 하비는 옥수수가루로 음식을 개발하던 중이었다. 지금 와서는 무엇을 만들려고 했는지 알 수 없지만, 일단 옥수수가루로 반죽까지는 해놓은 상황이었다. 그때 친동생 윌 케이트 켈로그Will Keith Kellogg(1860~1951)가 찾아왔다. 요양소에 급히 해결해야 할 문제가 있다는 이야기에 존 하비는 반죽만 남겨둔 채 긴급하게 회의에 참석했다. 그사이 반죽은 점점 말라갔고, 돌아왔을 때는 이미 단단히 굳은 상태였다.

존 하비는 이대로 요양소 예산을 낭비할 수 없다는 마음으로 어떻게든 반죽을 살려보기 위해 단단하게 굳은 옥수수 반죽을 롤러 압축기에 강제로 밀어 넣었다. 그러자 단단한 반죽이 얇고 단단한 상태로 조각난 채 롤러 압축기에서 나오기 시작했다. 존 하비는 이 부서진 옥수수 반죽 조각들을 익히기 위해 일단 구워봤다. 그 결과 바삭바삭한 옥수수 시리얼이 만들어졌다. 채식 식단을 질색

하던 요양소 환자들도 우유와 함께 제공되는 이 옥수수 시리얼은
아주 맛있게 먹었다.

─≫ 아침 식사에
혁명이 일어나다

누가 먼저 그렇게 불렀는지는 알 수 없으나, 이 새로운
옥수수 시리얼에 옥수수를 뜻하는 '콘Corn'과 얇은 조각을 뜻하는
'플레이크Flake'를 합친 콘플레이크라는 이름이 붙었다. 동생 윌 케
이트는 콘플레이크를 상품화하여 시리얼 사업을 하고 싶어 했다.
하지만 형인 존 하비는 요양소 환자들의 건강과 성욕 억제를 위해
만든 음식을 상품화하고 싶어 하지 않았다. 이에 콘플레이크는 곧
바로 상품으로 제조되지 못했다. 켈로그 형제는 1895년 5월에 콘
플레이크 시리얼에 대한 특허를 취득했지만, 콘플레이크가 상품
으로 출시되기까지는 10년이 넘는 세월이 흘러야 했다.

형제가 갈등하는 사이 배틀크릭 지역에서만 20개 이상의 시리
얼 회사가 생겨났다. 이 회사들 중에 켈로그의 최대 라이벌 회사
인 포스트 컨슈머 브랜드Post Consumer Brands가 있다. 여기서 재미있
는 사실은 포스트의 설립자 찰스 윌리엄 포스트가 형제가 운영하
던 배틀크릭 요양소의 환자였다는 것이다.

1906년 2월 두 형제는 결국 가치관 차이로 인해 갈라섰다. 존 하

배틀크릭 토스티드 콘플레이크 컴퍼니에   설탕을 첨가한 그라노스 콘플레이크 패키지
서 출시한 콘플레이크 패키지

비는 배틀크릭 요양소에 남았고 월 케이트는 배틀크릭 토스티드 콘플레이크 컴퍼니Battle Creek Toasted Corn Flake Company를 설립했다. 월 케이트는 대중의 입맛에 맞춘 더 맛있는 콘플레이크를 출시하기 위해 설탕을 첨가한 뒤 '그라노스Granose'라는 이름을 붙였다. 건강식으로 개발한 콘플레이크에 설탕을 넣는 일은 존 하비에게는 참을 수 없는 것이었기에 두 형제의 관계는 더욱 나빠졌다.

시간이 흘러 1952년에는 단순히 설탕을 첨가한 것이 아니라 아예 설탕으로 코팅해 단맛을 높인 제품이 개발됐다. 요리할 때 설탕이나 계란 흰자, 크림치즈 등으로 코팅하는 작업을 아이싱 또는 프로스팅이라고 하는데, 이름마저 슈가 프로스티드 콘플레이크Sugar Frosted Corn Flake인 제품이 출시된 것이다. 만약 존 하비가 이때까지 살아 있었다면 뒷목을 잡고 쓰러졌을지도 모를 일이다.

윌 케이트는 콘플레이크 판매를 더욱 촉진시키기 위해 재미있는 이벤트를 기획했다. 식료품점에서 윙크하는 모든 여성에게 콘플레이크 한 상자를 무료로 나눠준 것이다. 이 이벤트로 콘플레이크를 처음 접한 이들도 콘플레이크가 아주 편리한 아침 식사 대용임을 금세 알아차렸다. 당시에는 아침 식사를 준비하려면 먼저 장작 난로에 불을 피우고 힘겹게 붙인 장작불 위에서 베이컨과 계란을 구워야 했다. 하지만 콘플레이크는 그저 그릇에 담고 우유만 부어주면 끝이었다! 식사 준비가 이렇게 편할 수 없었다.

등장과 함께 아침 식사의 혁명을 가져온 콘플레이크는 1909년에 이르자 하루에 12만 개씩 생산될 정도로 초대박 상품이 되었다. 콘플레이크는 첫 등장한 지 110년이 훌쩍 넘은 지금까지도 전 세계인의 간편한 아침 식사를 책임지고 있다.

AND SO ON

호랑이 기운이 솟아나요!
시작은 건강식품이었지만 설탕이 첨가되면서 사람들은 켈로그를 정크푸드로 인식하기 시작했다. 켈로그는 이 같은 이미지를 극복하기 위해 근육질의 호랑이 '토니'를 마스코트로 내세웠다. "호랑이 기운이 솟아나요", "좋았어!" 같은 토니의 광고 문구는 한국에서도 유명하다.

005

GEORGE WASHINGTON'S COFFEE

조지 워싱턴 커피 1909년

전쟁 속에서 즐겼던 최초의 인스턴트커피

현대 사회에 커피란 기호품이 아니라 필수품이다. 커피 없이는 하루도 버틸 수 없다는 말은 커피의 향과 맛뿐만 아니라 카페인의 중독성 때문에 나오는 말이기도 할 것이다. 언제 어디에서나 커피를 더 간편하게 즐길 수는 없을까? 조지 워싱턴 커피는 이 같은 바람에 응답해 처음으로 인스턴트커피를 개발했다.

"커피는 언제, 어디서나 즐길 수 있어야 한다."

—→≫ 아메리카노는
아메리카 사람들이 좋아하는 커피?

1609년 영국 탐험가 헨리 허드슨Henry Hudson은 맨해튼 섬을 발견했다. 이후 1624년부터 네덜란드 상인들이 이곳으로 건너오기 시작했고, 이들은 맨해튼의 원주민들에게 네덜란드 화폐로 겨우 60길드에 섬을 사들인 다음 뉴암스테르담이라고 불렀다. 이 상인들은 뉴암스테르담에 커피나무를 가져와 재배했는데, 현재의 미국 땅에 처음으로 커피가 들어온 순간이었다.

40년의 세월이 흐른 1664년 8월 네덜란드는 영국에게 맨해튼 섬을 빼앗겼다. 영국 왕 찰스 2세는 자신의 동생인 요크 공 제임스

보스턴 차 사건

의 칭호를 따 그곳을 뉴욕이라 이름 붙였다. 그 뒤 뉴욕에는 네덜
란드의 영향으로 커피가 존재하기는 했지만, 영국의 영향으로 홍
차가 훨씬 인기 있었다.

　다시 100년 가까운 시간이 지난 1764년 영국은 식민지인 미국으
로부터 설탕, 종이, 차茶 등에 대해 지나친 세금을 징수하기 시작
했다. 미국 사람들은 말도 안 되는 세금 징수에 거세게 저항했다.
그러다 1770년 3월 5일 보스턴의 부두에서 술 마시던 노동자들과
영국군 사이에 세금으로 인한 다툼이 생겼다. 보스턴의 노동자들
은 영국군을 향해 돌과 눈덩이를 던지며 야유를 보냈고, 눈덩이에
맞은 영국군이 화가 나 노동자들을 향해 총을 쏘았다. 이 싸움으
로 보스턴 노동자 5명이 사망했다. 이것을 보스턴 학살이라고 부

른다.

보스턴 학살을 계기로 1773년 12월 16일 당시 차 무역을 담당하던 동인도 회사의 선박이 습격당했다. 미국 건국의 아버지 중 한 사람인 새뮤얼 애덤스의 지휘 아래 보스턴 시민들은 아메리카 원주민으로 위장하고, 동인도회사 선박에 실린 홍차 상자 342개를 모두 바다에 던져버렸다. 바로 보스턴 차 사건이다.

보스턴 차 사건 이후 영국은 식민지를 더욱 강하게 탄압했고 미국인들은 거세게 저항했다. 이때 영국 홍차 불매 운동까지 일어났다. 홍차 대체품으로 커피가 급부상하는 순간이었다. 다만 홍차에 길들여진 사람들에게 커피라는 음료는 너무 진했다. 이에 미국인들은 커피에 물을 많이 타서 연하게 마시곤 했다. 이 때문에 미국인들이 마시는 커피라는 뜻으로 현재의 아메리카노라는 이름이 붙었다는 설도 있다. 어쨌든 보스턴 차 사건 이후, 커피는 미국에서 대중적인 음료로 자리잡았다.

⟶≫ 커피를 마신 자가 전쟁에서 승리한다

커피는 전쟁의 중요한 승리 요인으로 꼽히기도 한다. 1815년 1월 미국과 영국 사이에 뉴올리언스 전투가 일어났다. 당시 지휘관이던 미국의 제7대 대통령 앤드류 잭슨은 병사들에게 전투 식량으로 커피를 보급했으며, 커피의 각성 효과 때문인지 전투에서 압도적인 승리를 거둘 수 있었다.

1861년에 시작된 미국 남북전쟁 당시에도 커피는 중요한 전투 식량이었다. 북군을 이끌던 벤저민 버틀러 장군은 병사들에게 수통에 물 대신 커피를 담아 수시로 마시도록 했다. 커피로 인한 병사들의 각성이 최고조에 이르렀을 때 공격을 개시한 덕에 전투에서 승리했다고도 한다.

당시 미국 대통령이자 북군을 이끌던 에이브러햄 링컨은 1862년에 남군의 항구를 봉쇄했다. 그런데 무역로가 끊어지면서 남군은 커피를 전혀 보급받을 수 없었다. 반면 북군은 병사 1명당 하루 평균 1.8L의 커피를 마실 수 있었다. 심지어 북군은 소총 개머리판에 커피 그라인더를 장착시켜 전투 중에도 커피를 빠르게 갈아 마실 수 있었다고 한다. 북군이 남북전쟁에서 승리한 이유가 커피 때문이라는 주장도 있다.

아무리 개머리판에 그라인더가 달려 있대도 전투 중에 커피 원두를 갈아 마시기가 쉽지는 않았을 것이다. 이에 남북전쟁이 끝난

커피 그라인더가 달린 소총

후 극한 상황에도 쉽고 간편하게 마실 수 있는 커피에 대한 연구가 시작되었다.

⟶» 소총 개머리판에 그라인더를 넣지 않고도 아무 때나 마실 수 있는 커피

드넓은 미국 땅을 말과 함께 누비던 19세기, 서부를 개척해나가던 카우보이들은 허허벌판에서 코펠에 원두 가루와 물을 함께 끓인 뒤 찌꺼기를 걸러냄으로써 커피를 추출했다. 이렇게 마시면 커피 찌꺼기를 깔끔하게 걸러내기가 매우 어려웠으나, 당시에는 대부분 이런 식으로 커피를 마셨다. 그러던 1901년 뉴욕 버펄로에서 열린 범미국박람회에 분말로 된 인스턴트커피를 가지고 나타난 이가 있었다! 바로 일본계 미국인 과학자 사토리 카토였다.

사토리 카토는 인스턴트커피 발명에 앞서 가루 형태의 차를 개발한 바 있었다. 일단 차를 내린 다음 충분히 우려진 찻물을 분무하는 방식으로 증발시켜 만든 것이었다. 그는 커피에도 이러한 방식을 적용할 수 있으리라 생각했다. 실험 끝에 분말 형태의 인스턴트커피도 만들어냈다. 이 인스턴트커피는 뜨거운 물만 있으면 아주 간편하게 마실 수 있었지만, 물을 분무하여 증발시키는 방식으로 만들기 때문에 커피 향이 다 날아간다는 아주 치명적인 단점이 있었다.

8년의 시간이 흘러 1909년 벨기에 출신의 미국 발명가 조지 워싱턴George Washington(1871~1946) 역시 인스턴트커피 제조 기술을 발명했다. 조지 워싱턴은 이미 수많은 발명품을 만들고 특허를 얻은 인물이었다. 그는 1906년부터 1907년까지 과테말라에서 일을 하며, 그곳에서 주전자에 담아둔 커피가 가루처럼 굳은 것을 보고 인스턴트커피 제조 아이디어를 떠올렸다.

조지는 사토리 카토와 달리 커피를 추출한 뒤 저온에서 수분을 증발시켰다. 이 방법은 수율이 낮은 대신 커피 향이 날아가는 것을 막을 수 있었다. 그렇게 조지 워싱턴의 인스턴트커피가 탄생했다. 조지는 이 커피를 '레드 이 커피Red E Coffee'라는 이름으로 판매하다가 1910년 조지 워싱턴 커피 정제 회사를 설립한 다음 브루클린에 공장을 짓고 대량 생산하기 시작했다.

⟶≫ 커피 업계에서 벌어진 전쟁에서 최종 승자는?

초기의 조지 워싱턴 인스턴트커피는 아주 간편하다는 장점이 있었지만, 원두커피에 비하면 아무래도 맛과 향이 떨어질 수밖에 없었다. 하지만 1914년 제1차 세계대전이 시작되면서 인스턴트커피의 장점이 급부상했다. 참전하지 않던 전쟁 초기에도 미국은 전쟁 보급품을 지원했으며 이 중에 인스턴트커피도 포함되어 있었다.

당시 조지 워싱턴 커피는 경쟁자가 아예 없었기 때문에 미군과 독점으로 계약할 수 있었다. 전투 중에도 손쉽게 커피를 마시면서 카페인 파워를 충전할 수 있는 조지 워싱턴 커피는 중요한 전투 식량이었다. 심지어 당시 미국 전쟁 부서의 커피 관리 담당자는 인스턴트커피가 겨자탄 피해 회복에도 도움이 된다고 생각할 정도였다. 1918년 참호에서 전투 중이던 미군 병사가 보낸 편지에는 이런 내용도 있었다.

"비록 쥐와 비, 진흙, 포탄의 비명에도 불구하고 나는 정말 행복합니다. 나의 작은 오일 히터를 켜서 조지 워싱턴 커피를 만드는 데 1분밖에 걸리지 않습니다. 매일 밤 나는 워싱턴 씨의 건강과 복지에 대한 특별 청원서를 올립니다."

미군 병사들은 힘든 시간을 버티게 해준 조지 워싱턴 커피에 '조지 한 잔Cup of George'이란 애칭까지 붙였다. 한차례 세계대전을 치르며 급격히 성장한 조지 워싱턴 커피는 전쟁이 끝난 뒤, 일반인들에게도 본격적으로 판매하기 위해 다음과 같은 슬로건을 내세우며 본격적으로 마케팅을 했다.

"용사들이여! 이제는 집으로!"

안타깝게도 1929년 검은 목요일을 시작으로 대공황이 시작되

조지 워싱턴 커피 광고 포스터

며 조지 워싱턴 커피도 경영 악화에 시달리게 되었다. 다행히 제 1차 세계대전 당시 워낙 많은 돈을 벌어둔 덕에 힘든 시기를 버틸 수 있었다. 하지만 10년 뒤 또 다른 위기가 찾아왔다. 스위스 차 브 랜드 네슬레Nestle에서 만든 네스카페Nescafe의 등장이었다.

브라질은 1920년대부터 세계 최대 커피 생산국이었는데 너무 많이 생산하는 바람에 커피가 남아돌 정도였다. 그런 상황에서 1938년 네슬레가 브라질의 잉여 커피를 싼값에 사들이며 엄청난 양의 인스턴트커피를 생산해내기 시작한 것이다. 때마침 1939년 제2차 세계대전이 발발하며 네슬레는 인스턴트커피 시장을 장악 했다. 압도적인 경쟁사에 뒤처져버린 조지 워싱턴 커피는 결국 역 사 속으로 사라지고 말았다.

AND SO ON

한국의 인스턴트커피 시장

조지 워싱턴 커피는 사라졌지만, 네슬레와 네스카페는 지금도 여전히 맛볼 수 있다. 네스카페는 여전히 세계에서 가장 유명한 인스턴트커피 브랜드이기도 하 다. 한국에서는 부동의 인스턴트커피 1위인 맥심의 아성을 이기지 못하고 있지 만, 네스프레소와 돌체구스토 같은 캡슐 커피 사업을 보면 한국의 커피 시장 역 시 네슬레가 장악했다고 볼 수 있다.

006

HARIBO

하리보 1920년

남녀노소 모두가 사랑하는 춤추는 곰 모양 젤리

편의점에서 귀여운 곰돌이 모양 젤리에 순간 마음이 빼앗겨 나도 모르게 집은 경험이 있는가? 다채로운 색과 깜찍한 모양의 하리보 젤리는 사람들의 마음을 순식간에 말랑 말랑하게 만들어버린다. 하지만 많은 사람이 이런 깜찍한 하리보의 모국에 대해서 잘 모르고 있다. 하리보의 이름과 포장지를 잘 들여다보면 정답이 숨어 있는데 말이다.

"달콤한 곰으로
세계인의 마음을 사로잡다."

—⫸ **닉네임에는**
정체성이 반영되어야지

1893년 독일 본의 한 마을 프리스도르프에서 한스 리겔
Hans Rigel(1893~1945)이라는 아이가 태어났다. 건축가였던 아버지 피
터 리겔은 한스가 초등학교를 졸업하자마자 건축 도면을 그리는
법부터 가르쳤다. 아들이 자신과 같은 건축가가 되기를 원했기 때
문이다. 한스는 그 무렵 본의 남동쪽 고데스베르크에 위치한 클로
우트겐 운트 마이어 감초 사탕 공장에서 사탕 만드는 법도 동시에
배우며 일했는데, 이곳에서 5년의 견습 과정을 마친 뒤 아버지의
바람과 달리 제과 길을 걷기로 결정한다. 1913년 한스는 노이스의

사탕 공장에서 숙련 과정을 시작했고 1년 정도 근무한 뒤 독일 오스나브뤼크의 제과 공장으로 이직하여 제과 경력을 이어갔다.

1914년 제1차 세계대전이 일어나면서 한스에게도 입영통지서가 날아왔다. 그렇게 한스는 전쟁에 참전하여 4년간 복무하게 된다. 그리고 1918년 독일이 항복하면서 한스도 다시 본으로 돌아올 수 있었다. 오랜 전쟁으로 인해 한스는 청력에 문제가 생기고 건강도 안 좋았지만, 제과 일에 대한 애정으로 서둘러 사업에 복귀한다.

한스는 오버하우젠에 위치한 제과 공장에서 잠시 일하다가 본 케세니히에 있는 하이넨이라는 제과공장으로 이직했다. 이곳에서 몇 개월간 캔디 메이커로 일하다가 하이넨에 투자하여 비즈니스 파트너가 되기에 이르렀다. 하이넨 제과공장의 이름은 하이넨 운트 리겔Heinen&Riegel로 변경됐다. 그러나 한스가 궁극적으로 원한 것은 자신만의 제과 공장이었다.

이에 1920년 12월 한스는 본 케세니히에 집을 매입했다. 그리고 뒷마당에 딸린 작은 세탁실에 자신만의 사탕을 생산하기 위한 회사를 설립했다. 회사라고 했지만 설탕 한 자루, 석판, 의자, 화덕, 구리 솥, 롤러를 하나씩 구비한 아주 작은 작업실에서 사탕을 만들기 시작한 것이다. 회사 이름은 자기 이름인 한스 리겔HAns RIegel과 도시 이름 본BOnn에서 철자를 따와 하리보HARIBO라고 지었다.

하리보라는 이름 속에는 창립자의 이름과 창립 지역이 숨어 있는
셈이다.

⟶» **춤추는 곰은**
    말랑말랑해

1921년 한스는 게르트루드 비안덴Gertrud Vianden이라는 여
성과 결혼했다. 결혼 후 아내 게르트루드는 하리보의 첫 직원으로
함께 일했다. 한스가 달콤한 사탕을 만들면 게르트루드는 자전거
를 타고 마을로 나가 사탕을 판매했다. 하지만 둘의 노력에도 사
탕은 기대만큼 잘 팔리지 않았다. 판매량을 높이기 위해 고심하던
한스는 1800년대 독일 축제에서 인기를 끈, 춤추는 곰을 떠올렸
다. 이에 1922년 '탄즈베렌Tanzbären'이란 이름의 새로운 사탕을 만
들었다. 우리말로 '춤추는 곰'이라는 뜻이다.

젤라틴을 베이스로 한 곰 모양의 사탕은 그야말로 대성공을 거

하리보 초기 제품 탄즈베렌

두었다. 수많은 아이들이 탄즈베렌과 사랑에 빠졌다. 매일 자전거를 타고 탄즈베렌을 배달하던 한스의 아내 게르트루드는 배달량이 늘어나자 1923년부터 사업용 차량을 구입하고 홍보용 현수막을 매달고 다녔다. 하리보의 탄즈베렌이 이처럼 큰 인기를 끌다 보니 제1차 세계대전 이후 강제 퇴위당해 네덜란드로 망명한 독일 제국의 마지막 황제 빌헬름 2세는 "탄즈베렌은 바이마르 공화국이 만든 최고의 제품"이라고 평하기도 했다.

─» 전쟁은 아무도
행복하게 만들지 못한다

한스와 게르트루드는 1923년 큰아들 한스 리겔 주니어를 낳고, 바로 다음 해 큰딸 아니타, 1926년에 둘째 아들 폴을 낳았다. 대가족을 이룬 한스는 제품 개발을 게을리하지 않았다. 1925년 독일에서 처음으로 감초맛 사탕 리코리스를 만들었다. 이후 동그랗게 말린 감초맛 젤리 리코리스 휠도 출시했다. 감초맛이 예상보다 더 큰 인기를 얻자 하리보 대표 제품인 춤추는 곰의 감초맛 버전인 슈바르츠베어도 출시됐다.

하리보에서 출시한 제품들은 모두 저마다의 이유로 큰 사랑을 받았다. 그 덕분에 하리보는 넓은 땅을 매입하고 새로운 생산 및 저장 시설까지 지어 확장할 수 있었다. 1930년에는 직원 160명,

1933년에는 400명에 이를 정도로 크게 성장했다. 이때 하리보는 단순하면서도 분명한 메시지가 담긴 슬로건을 만들었다.

"하리보는 아이들을 행복하게 만든다."

하리보는 분명 아이들을 행복하게 만들고 있었다. 1939년 제2차 세계대전이 일어나기 전까지 말이다. 전쟁을 일으킨 나치는 대부분의 하리보 공장에서 의무적으로 탱크를 제조하도록 했고, 결국 사탕 사업에 제동이 걸렸다. 전쟁 때문에 원료 공급에도 어려움을 겪었기에 하리보는 여러모로 크게 타격을 입을 수밖에 없었다. 그러다 나치 독일이 연합국에 밀리면서 한스와 두 아들이 포로로 잡혀 연합국의 수용소에 갇혀버렸다. 1945년 3월 한스는 결국 수용소에서 52세의 나이로 생을 마감했다.

제2차 세계대전이 끝난 뒤 게르트루드는 남편 한스를 대신하여 하리보의 경영을 맡았다. 400명에 달하던 직원 수는 30명으로 줄었지만, 다행히 본에 있던 공장은 다시 가동할 수 있었다. 1946년 수용소에 갇혀있던 두 아들 한스 주니어와 폴이 풀려나 회사로 돌아오게 되고 어머니로부터 경영 전반에 대해 배우며 사업을 인계받았다. 한스 주니어는 마케팅과 판매를 포함한 상업적 측면을 감독했고 폴은 제품 생산 관리를 담당했다. 그렇게 하리보의 새로운 세대가 시작됐다.

골드베렌

전쟁 직후 하리보는 사탕의 원료를 수급하는 데 어려움을 겪었지만, 시간이 지남에 따라 점차 안정을 되찾았다. 1950년에는 직원 수가 전쟁 전보다 훨씬 많은 1,000여 명에 이를 정도였다. 재기에 성공한 하리보는 1960년 탄즈베렌의 차기작이자 현재도 하리보의 대표 상품인 골드베렌Goldbären을 출시했다. 탄즈베렌보다 좀 더 귀엽게 디자인된 곰 모양 젤리였다. 귀여운 곰 모양 덕에 어린이들에게 더욱 친근하게 다가갈 수 있게 되었다. 이 시기 한스 주니어와 폴은 슬로건도 바꾸었다.

"하리보는 아이들을 행복하게 만든다. 그리고 어른들도."

하리보의 타깃층을 전 연령으로 확대하겠다는 의지가 담긴 문구였다. 이 문구는 하리보의 포장지에 여전히 쓰여 있다. 시간이 흘러 1978년 골드베렌의 디자인은 또 한 번 변경되었다. 길게 뻗은 곰의 네 발을 짤막하게 만들어 지금의 작고 세련된 모습으로 완성한 것이다. 1989년에는 빨간 나비넥타이를 맨 마스코트 골드베렌이 하리보 골드베렌의 포장에 처음으로 등장했다. 마스코트 골드베렌은 30년이 지난 지금까지도 계속 사용되고 있다.

골드베렌이 지금의 모습을 갖춰가는 사이, 하리보는 공격적으로 사업을 확장했다. 1957년에는 아버지 한스 리겔 시니어가 초등학교 졸업 후 일했던 클로우트겐 운트 마이어를 포함해 주변 사탕 제조 회사들을 인수했다. 이후에도 네덜란드, 프랑스, 영국, 스웨덴 등 유럽 곳곳의 사탕 제조 회사들을 인수했고, 1982년에 이르러서는 미 대륙까지 상륙했다. 1986년 하리보는 유럽에서 꽤 인기 있는 마오암MAOAM이라는 사탕을 제조하던 에드문트 뮌스터 Edmund Münster GmbH&Co.를 인수했는데, 이곳을 인수하는 것이 이후 회사를 초현대식 시설로 확장하는 데 많은 도움이 되었다고 한다. 현재 하리보는 전 세계 10개국 16개의 공장에서 7,000여 명의 직원들에 의해 1,000여 종이 넘는 구미 젤리 제품을 생산하고 100개국 이상에서 판매 중이다.

AND SO ON

한글 패키지는 없는 하리보

하리보는 나라별로 어울리는 맛을 출시하고 있는데, 아쉽게도 우리나라를 겨냥한 맛은 딱히 없다. 심지어 한글 패키지도 안 나온다. 우리나라에서는 애초에 인지도도 낮은 편이었는데, 2015년 수입 과자 열풍과 함께 크게 인기를 끌며 현재는 어느 곳에서나 쉽게 볼 수 있게 되었다. 참고로 하리보 젤리는 독일에서 축구 선수 생활을 한 차범근 전 국가대표 감독이 지금까지도 가장 좋아하는 군것질 거리라고 한다.

007

SPAM

스팸 1927년

엇갈린 평가를 받는 통조림 햄

한국전쟁 이후 한국에서 고기는 굉장히 귀한 음식이었다. 미국에서 온 제품인 데다가 고기였기 때문에 스팸은 한국에서 고급스러운 이미지를 얻었다. 오죽하면 설이나 추석 같은 민족의 큰 명절에 곱게 포장한 스팸 세트를 선물할 정도다. 이러한 한국의 스팸 사랑을 서구 문화권에서는 의아하게 생각한다. 스팸을 싸구려 통조림 햄, 정크푸드 취급하는 미국과 영국에서는 특히 더하다. 미국과 영국의 스팸에 대한 태도는 그들의 전쟁사를 살펴보면 이해할 수 있다.

"조리하지 않고
고기를 먹을 순 없을까?"

⟶⟫ 고깃집이
블루오션?

　미국 시카고 한 도살장에서 일하던 조지 호멜^{George A.} ^{Hormel (1860~1946)}은 1891년 미네소타주 오스틴에 육류 포장 업체, 조지 호멜 컴퍼니를 설립했다. 육류 포장 판매업이 블루오션이던 1890년대 초 작은 고깃덩어리 하나도 바닥에 떨어지는 것을 용납하지 못하는 조지의 깐깐한 성격 덕에 조지 호멜 컴퍼니는 점차 고급 육가공업체로 성장해나갔다.

　조지에게는 제이 호멜^{Jay Hormel (1892~1954)}이라는 아들이 있었다. 조지는 제이에게 사업을 가르쳐주는 데는 한계가 있으니 생산 라인에서부터 직접 일하며 스스로 노하우를 터득하라고 말했다. 이에 제이는 1914년부터 2년간 아버지 회사의 여러 부서를 옮겨 다니며 육가공의 모든 것을 배우고 나서야 조지 호멜 컴퍼니의 부사장으로 취임했다. 이후 1927년 조지 호멜이 67세의 나이로 은퇴하면서 아들 제이 호멜이 회장 자리를 이어받았다.

──» 세상에서
제일 간단한 조리

조지와 제이는 둘 다 리더십이 있었지만, 그 결이 조금 달랐다. 조지가 제품의 품질과 공장 효율성에 집중하는 실용적인 리더라면 제이는 제품은 물론 유통 방법, 판매 기법, 마케팅 전략까지 새로움을 추구하는 아이디어맨이었다.

당시 조지 호멜 컴퍼니가 포장 판매하던 육류는 푸줏간에서 한 번 더 조리해야만 먹을 수 있었는데, 제이는 이렇게 번거로운 과정 없이 소비자가 구매한 뒤 곧바로 먹을 수 있는 육류 식품을 만들고 싶어 했다. 이에 회사 내 연구 개발팀과 함께 수년간 개발에 힘썼지만, 만족스러운 결과는 얻지 못했다. 그러다 유럽 여행 중 지인으로부터 독일 함부르크에서 작은 육가공 공장을 운영하던 폴 존을 소개받았다. 당시 폴은 캔 속에 햄을 담아 포장하는 방법을 개발한 상태였다. 제이는 폴에게 도움을 청했고 폴과 함께 미국으로 돌아왔다. 1927년 2월 둘은 세계 최초로 통조림 햄 제품 Hormel Flavor Sealed™ Ham을 공식적으로 출시했다.

──≫ **쓸모없는 부위의 재탄생**

제이는 뼈를 분리하는 과정이 복잡한 돼지 어깨살이나 지방이 많이 붙어 있어 상품 가치가 떨어지는 부위 등 맛은 있지만 팔리지 않는 부위를 어떻게 처리하면 좋을지 계속 고민했다. 고민 끝에 남겨진 골칫거리 부위들을 몽땅 갈아버린 후, 지방의 산화를 막고 향미를 높여주는 아질산나트륨과 향신료를 첨가해 새로운 제품을 만들어냈다. 이것이 바로 호멜 향신료 햄Hormel Spiced Ham이다. 쓸모없다며 버려지던 고기 부위에 새로운 가치를 부여한 것이다.

하지만 직관적이고 매력 없는 이름 때문인지 출시 초기 호멜 향신료 햄은 잘 팔리지 않았다. 이에 햄의 새로운 이름을 위한 콘테스트를 개최하며 100달러의 상금까지 걸었다. 이때 회사 임원의 형제였던 케니스 데이누라는 배우가 'Spiced Ham'을 줄인 스팸SPAM이란 이름을 제출했다. 이 아이디어가 채택되며 1937년 7월 호멜 향신료 햄은 스팸이란 이름으로 새로 단장해 출시하게 되었다. 여담이지만 이름이 바뀐 초기에는 '스팸'의 이름이 주재료인

돼지의 앞다리살과 뒷다리살(Shoulder of Pork And haM)을 줄인 말이
아니냐는 소문도 있었다.

──» 잉글랜드에서
스팸랜드로

1939년 히틀러가 이끄는 나치 독일이 폴란드의 서쪽 국
경을 침공했다. 제2차 세계대전이 일어난 것이다. 미국은 직접 참
전하지 않았던 전쟁 초기에도 동맹국인 영국에 무기와 탄약, 식량
등 어마어마한 양의 보급품을 원조했다. 이때 호멜 컴퍼니는 일주
일에 최대 1,500만 톤의 고기를 수출했고, 그중 대부분이 스팸이
었다. 당시 영국은 수송로가 봉쇄당해 배급제를 시행할 만큼 물자
공급이 어려웠다. 이런 어려운 상황에 놓인 영국에게 스팸은 단비
같은 식료품이었다. 쉽게 상해서 버려질 위험이 있는 다른 고기들
과 달리 통조림 햄이라 보관이 쉽고 조리도 간편했다. 무엇보다
도 고열량 단백질인 육류였다. 가공도 어렵지 않아 대량 생산으로
끊임없는 공급이 가능했던 만큼 여러모로 완벽한 전투 식량인 셈
이었다. 이에 제2차 세계대전 당시 영국은 스팸랜드라는 별명이
붙을 정도로 엄청난 양의 스팸을 소비했다.

참고로 미국도 제이가 부사장으로 취임한 바로 다음 해인 1917
년 제1차 세계대전에 참전했었다. 당시 부사장이었던 제이는 사업

©National Archive

전투 식량 스팸을 먹고 있는 군인

상의 이유로 입대를 미룰 수도 있었지만, 미네소타 출신 중 가장 먼저 자원입대했다. 이때의 경험이 스팸을 전투 식량으로 배급하는 데 도움이 되었다는 이야기도 있다.

1941년 12월 일본이 미국 하와이 진주만 기지를 공습했다. 태평양 전쟁의 발발과 함께 미국은 제2차 세계대전에 참전했다. 미국 역시 스팸을 군용 전투 식량으로 채택했다. 엄청난 양의 스팸 보급에 당시 미 공군부대 병사들은 자신들의 캠프를 스팸빌Spamville 이라고도 명명했다. 제2차 세계대전 내내 생산된 스팸의 양은 무려 약 1억 3,300만 개라고 한다.

호멜 컴퍼니는 스팸뿐 아니라 다양한 종류의 통조림을 전투 식량으로 공급했다. 1944년까지 호멜 컴퍼니 통조림 식품의 90% 이상이 전투 식량으로 출하되었고, 1945년 초까지 모든 호멜 식품의

미 공군부대의 스팸빌

65%가 유럽과 태평양 전쟁에서 전투 식량으로 소비되었을 정도
였다.

⟶≫ 스팸이
너무 많아!

제2차 세계대전 당시 미 육군 총사령관이던 아이젠하워
대통령은 호멜 컴퍼니 75주년을 맞이하여 감사 편지를 보냈다.

"저는 병사들과 스팸을 나눠 먹었습니다."

그러면서 호멜 컴퍼니에 잘못이 하나 있다고 덧붙였다.

"스팸을 지나치게 많이 보냈어요."

처음에는 간편하고 맛 좋은 전투 식량으로 평가됐지만, 삼시 세
끼 스팸만 먹다 보니 아이젠하워를 비롯한 많은 사람이 이 간편식

에 질리고 만 것이다. 하도 많이 먹어서 '스팸랜드'란 별명까지 붙은 영국에서도 사정은 마찬가지였다.

1970년 영국 BBC 코미디 풍자극인 〈몬티 파이튼^{Monty Python}〉에서도 스팸을 주제로 다뤘다. 식사하러 온 손님에게 종업원이 메뉴를 불러준다. 그런데 모든 메뉴에 스팸이 포함되어 있다.

"스팸이 들어가지 않은 메뉴는 없나요?"

"스팸에 계란, 소시지를 더한 스팸에는 스팸이 덜 들어가는데 그거라도 드릴까요?"

손님이 원하든 원하지 않든 모든 메뉴에 스팸이 제공되는 이 콩트에는 스팸에 완전히 질려버린 영국인들의 마음이 고스란히 담겨 있다. 이 방송 이후 스팸에는 '과잉 공급'이라는 이미지가 붙었고, 오늘날 상업적이고 불필요한 광고성 이메일을 '스팸 메일'이라고 부르게 되었다.

내 메일함에 스팸이 가득해!
1978년 미국의 컴퓨터 영업사원이던 게리 투르크는 오늘날 인터넷의 전신인 아르파넷 이용자 중 400명의 메일 주소를 선정해 한꺼번에 신제품 데모 행사 초대장을 보냈다. 세계 최초의 스팸 메일이 전송되는 순간이었다.

008

FANTA

환타 1940년

전쟁이 만들어낸 음료

현재는 코카콜라 회사에 인수된 형제 제품이지만, 본래 환타는 제2차 세계대전 중에 코카콜라를 대체하기 위해 개발된 음료였다. 전쟁 중에 개발된 음료이다 보니 재료 또한 범상치 않았다.

"음식 찌꺼기에
상상력을 더하다."

—» 코카콜라 없이
못 살아

코카콜라는 1928년 열린 암스테르담 올림픽 이후 전 세계적으로 유명해지면서 수출에 박차를 가하기 시작했다. 여러 나라에 세워진 코카콜라 지사 중 특히 독일 지사는 1929년 부임한 미국 태생의 레이 리빙톤 파워스의 뛰어난 사업 능력 덕분에 승승장구했다. 코카콜라는 독일에서 점점 더 사랑받으며 매년 판매량이 급증했다.

1933년 히틀러가 정권을 잡으면서 독일에는 나치의 세상이 열렸다. 이 시기 코카콜라 독일 지사에 막스 카이트[Max Keith](1903~)란

30살의 남성이 입사했다. 막스는 코카콜라를 진심으로 사랑하는 직원이었다. 독일 지사가 잘되기를 바라서 자신은 가입하지도 않은 나치당의 경례까지 히틀러에게 할 정도였다.

1938년 코카콜라 독일 지사의 사장이던 레이가 세상을 떠나자 막스는 바로 회사를 인수했다. 당시 독일에서의 코카콜라 판매량은 400만 병에 이르렀다. 10년 만에 미국 다음으로 매출이 높은 나라가 된 상황이었다.

다음 해인 1939년 독일이 제2차 세계대전을 일으켰지만, 미국은 전쟁에 참전하지 않았다. 미국 기업인 코카콜라 본사는 독일 지사에 원액 공급을 끊지 않았다. 당시 전장을 누비던 군인들은 약품으로 정수되어 맛이 아주 불쾌한 물을 식수로 공급받았다. 이에 물 대신 코카콜라로 목을 축이는 군인들이 많아지면서 코카콜라는 유용한 전쟁 아이템으로 떠올랐다.

1940년 무렵 독일 청량음료 시장은 코카콜라에 압도적으로 점유된 상황이었다. 히틀러가 코카콜라를 마시면서 미국 영화 〈바람과 함께 사라지다〉를 본다는 소문이 돌 정도였다. 막스는 이탈리아, 프랑스, 네덜란드 지사까지 인수하며 코카콜라 사업을 확장해나갔다.

──≫ **이가 없으면
잇몸으로!**

　1941년 12월 일본이 진주만을 폭격하며 미국이 제2차 세
계대전에 참전한다. 이때부터 코카콜라 유통 상황은 완전히 달라
진다. 미군에게는 5센트라는 아주 저렴한 가격에 공급된 반면, 적
군인 독일에는 공급이 전면 중단되었다. 독일, 이탈리아, 프랑스,
네덜란드 등지에서 코카콜라 사업을 경영하던 막스에게 이 사건
은 모든 것을 잃어버릴지도 모르는 절체절명의 위기였다.

　막스는 고민 끝에 독일 시장에 공급할 새로운 음료를 만들기로
결정했다. 여러 화학자와 함께 전시 배급 내에서 제조 가능한 음
료를 개발한 것이다. 수년간의 전쟁으로 식재료가 부족했기 때문
에 하는 수 없이 치즈나 버터 등을 만들고 남은 액체인 유장, 사과
주를 만들고 남은 사과 섬유질, 그 밖에도 과일 부스러기와 사탕

최초의 환타

초기 환타 광고 포스터

무 등 다른 식품을 만들고 남은 음식 찌꺼기들을 모았다. 찌꺼기 재료들을 섞은 혼합물에 탄산을 가미하니 새로운 음료가 만들어졌다. 찌꺼기들로 만들었지만, 제법 달달하고 맛있었다. 물론 지금의 환타 오렌지와는 맛이 전혀 달랐다.

이 새로운 음료에 어떤 이름을 붙여야 할까? 막스는 직원들과의 회의에서 좀처럼 괜찮은 이름이 나오지 않자 이렇게 말했다.

"상상력 좀 발휘해보게."

이 말에 어떤 직원이 '상상력' 자체가 좋은 이름이 될 것 같다고 제안했다. 독일어로 '상상력'은 '판타지Fantasie'였는데, 이 단어를 줄여서 '환타FANTA'라는 이름이 탄생했다.

코카콜라 공급이 중단된 독일에는 다른 선택지가 전혀 없었기 때문에 환타는 아주 잘 팔렸다. 1943년에는 연간 300만 병 이상 판매될 정도였다. 제2차 세계대전 중 독일에서 환타는 코카콜라의 대체품으로 완전히 자리잡았다. 당시 독일 사람들은 환타를 오로지 마시기 위해서만 구입한 것이 아니었다. 설탕이 떨어졌을 때 요리의 단맛을 내기 위해 조미료 대용으로도 사용했다.

---≫ **다양한 음식 재료에
더한 상상력**

코카콜라 독일 지사는 환타 덕에 위기에서 벗어나 안정

적으로 운영할 수 있었지만, 1945년 독일의 항복으로 전쟁이 끝나면서 환타의 생산도 중단했다. 코카콜라 본사는 어려운 상황에서도 뛰어난 기량으로 독일 지사를 계속 운영해낸 막스에게 코카콜라 유럽의 경영을 맡겼다. 코카콜라 본사는 막스가 나치에 음료를 공급한 것은 부인할 수 없는 사실이지만, 나치가 아닌 코카콜라에 충성했다고 판단했다. 그 증거로 막스는 본사와 연락이 끊어진 동안 벌어들인 수익금을 전쟁이 끝난 뒤 본사로 보냈다.

이후 1955년 이탈리아 나폴리에서 새로운 레시피로 환타가 부활했다. 나폴리 현지의 감귤을 사용하여 만들어진 것이었다. 이것이 바로 지금의 환타 오렌지다. 1960년에 미국 코카콜라 본사는 정식으로 환타를 인수했다. 이후 전 세계적으로 다양한 맛의 환타가 만들어졌고, 현재는 약 90가지 맛의 환타가 생산되고 있다.

환타는 원래 판타!
우리나라는 초기 외래어 표기에 일본어의 영향을 많이 받았다. 이에 환타 역시 현재의 외래어 표기법에 따르면 '판타'라고 부르고 적어야 하지만, 아무도 그렇게 부르지 않는다. 비슷한 예로 '프라이팬'을 들 수 있는데, 많은 사람이 여전히 '후라이팬'이라고 발음하고 있다. 다만 프라이팬과 달리 환타는 상품명이므로 외래어 표기법과 상관없이 예전처럼 꾸준히 '환타'라고 표기한다.

009

McDonald's

맥도날드 1940년

영화로도 제작된 맥도날드 이야기

어떤 여행지에 가더라도 익숙하고 커다란 M 간판을 볼 수 있다. 전 세계 어디에서나 볼 수 있는 세계적인 햄버거 프랜차이즈 맥도날드. 누가 맥도날드를 이렇게 거대한 프랜차이즈로 만들었을까? 창업주인 맥도널드 형제일까? 사실 거대한 햄버거 제국의 서막을 연 사람은 맥도널드 형제가 아닌 다른 사람이다.

"자동차처럼 조립하는
효율적인 음식을 만들어내다."

—≫ **"우리 50살이 되기 전에
백만장자가 되자!"**

가난한 가정에서 태어났기에 진심으로 너무나 부자
가 되고 싶은 형제가 있었다. 모리스 제임스 맥도널드^{Maurice James}
McDonald(1909~1998)와 리처드 제임스 맥도널드(1902~1971)^{Richard James}
McDonald 형제의 이야기다. 무성 영화 스튜디오에서 세트를 만들며
주급을 25달러씩 받던 맥도널드 형제는 이 돈을 차곡차곡 모았다.
계획한 자금이 모두 모이자 은행 대출까지 받아 1930년에 로스앤
젤레스 외곽 20마일 지점에 스낵바까지 갖춘 750석 규모의 영화
관을 차렸다. 하지만 1929년에 시작된 경제 대공황은 백만장자를

향한 형제의 야심 찬 꿈을 무참히 짓밟았다. 영화관은 쭉 매출이 바닥을 쳤다. 형제는 혹시라도 대출받은 은행에 영화관을 압류당할까 봐 뒷마당에 은을 묻어놓기까지 했다고 한다.

7년을 겨우겨우 버텼지만 상황은 나아지지 않았다. 형제는 영화관을 팔아버릴 수밖에 없었다. 그런데 이렇게 경제가 어려운 상황에서도 유일하게 잘되는 장사가 있었다. 바로 핫도그 가게였다. 맥도널드 형제는 캘리포니아주 몬로비아의 한 경마장 인근에서 핫도그를 만들어 팔기 시작했다. 그런데 경마장 인근 장사는 시즌이 아닐 때 손님들이 오지 않는다는 문제가 있었다. 꾸준히 장사하려면 위치를 옮길 필요가 있었다. 형제는 핫도그 가게를 옮기기로 결심했다. 새로운 가게의 터는 노동자들이 많이 살고 있는 샌버너디노 지역으로 정했다.

둘은 가게를 이전하면서 운영 방식도 개편했다. 자동차 보급률

맥도날드 페이머스 바비큐

이 늘어가는 당시 분위기에 맞춰 운전자들이 쉽게 음식을 구매할 수 있게끔 한 것이었다. 그렇게 1940년 맥도널드 형제는 뱅크 오브 아메리카에서 5,000달러를 대출받아 '드라이브 인Drive-in' 형태의 레스토랑인 맥도날드 페이머스 바비큐McDonald's Famous BBQ를 오픈했다. 형제의 드라이브 인 레스토랑 전략은 적중했고 손님들이 몰려들었다. 레스토랑은 대박을 터트리며 1년 사이 4만 달러의 매출을 기록할 정도였다.

─≫ 음식이 어떻게 이렇게 빨리 나와?

이 레스토랑의 주문 방식은 다음과 같았다. 운전자가 차 안에서 기다리면 '카홉Carhop'이라 불리는 롤러스케이트를 탄 종업원들이 가서 주문을 받는다. 음식도 이 종업원들이 차까지 가져다준다. 문제는 맥도날드 드라이브 인 레스토랑의 종업원들이 대부분 젊은 여성이라, 이들과 대화하면서 놀고 싶은 젊은 남성들이 죽치고 있다는 점이었다. 이 때문에 주차할 곳이 없다고 불평하는 고객들이 많아지고, 주문받으러 간 여성 종업원들도 한참씩 돌아오지 않자 결국 1948년 대대적인 식당 개편을 단행한다. 리뉴얼을 위해 식당 문도 약 3개월간 닫았다.

형제는 젊은 남성들이 오랜 시간 주차를 하고 있는 상황을 없애기 위해 카홉 대신 손님이 직접 음식을 받아 가게끔 주문 방식을 바꿨다. 그러면 손님들이 불편해할 것이 분명하기에 이 문제를 극복할 만한 대안이 필요했다. 먼저 인기 없는 메뉴들은 과감히 없애고 햄버거, 치즈버거, 밀크셰이크 등 9개의 메뉴만 남겼다. 어차피 레스토랑 매출의 87%가 햄버거와 감자튀김, 청량음료였다.

더불어 손님들의 대기 시간을 줄이기 위해 주문 후 순식간에 음식을 제공할 방법도 고민했다. 형제는 빠른 조립으로 자동차의 대중화를 이끈 포드FORD 자동차의 조립 라인을 떠올렸다. 동생인 리처드는 원래 발명가적인 성향이 있었는데, 효율적이고 빠르게 햄버거를 만들 수 있도록 직접 부엌 구조도 설계했다. 테니스 코트에서 부엌 크기와 동일하게 분필로 그림을 그리고 메뉴와 직원들의 동선을 고려해 몇 시간이나 부엌 위치를 세팅했다. 아주 커다란 그릴로 직원 한 명이 여러 햄버거를 동시에 조리하면서 동일한 소스를 바르는 장비로 모든 햄버거가 비슷하게 맛있을 수 있도록 했다. 스피디 서비스 시스템Speedee Service System의 탄생이었다.

이전에는 주문하면 기본 20분을 기다려야 음식이 나왔다면, 스피디 서비스 시스템은 단 30초 만에 음식이 나왔다. 말 그대로 혁명이었다. 게다가 햄버거는 단돈 15센트밖에 하지 않았다. 처음에는 많은 손님이 차에서 내려야 한다고 불평했지만, 엄청나게 빠른 속도로 제공되는 값싼 햄버거가 입소문을 타면서 형제의 레스토랑은 문전성시를 이루었다.

장사가 꾸준히 잘되자 형제는 인기 음료인 밀크셰이크를 더 빨리 만들고 싶어 했다. 그러던 중 밀크셰이크 5잔을 동시에 만들 수 있는 멀티 믹서를 발견하고 무려 8대나 주문했다. 이 주문 소식은 이 멀티 믹서를 판매하던 레이 크록Ray Kroc(1902~1984)에게 전해졌다. 레이는 이 소식에 깜짝 놀랐다. 이 기계를 8대나 주문한다는 것은 밀크셰이크를 한 번에 40잔이나 만든다는 소리였기 때문이다.

레이는 대체 어떤 곳에서 이런 말도 안 되는 주문을 했는지 궁금했다. 이에 맥도널드 형제의 레스토랑을 찾아갔다가 또다시 크게 놀랐다. 영업을 하면서 그동안 수천 개의 식당을 가보았으나 맥도널드 형제의 레스토랑처럼 깨끗하고 전문적이며 체계적인 곳은 본 적이 없었기 때문이다.

─── ≫ **황금 아치**
제국의 서막

레이는 직접 맥도널드 형제에게 스피드 서비스 시스템에 대한 이야기를 듣고 프랜차이즈 사업을 제안했다. 사실 맥도널드 형제는 스피디 서비스 시스템이 프랜차이즈에 잘 어울린다는 생각에 이미 사업을 시도해본 상황이었다. 본점의 인기 덕에 프랜차이즈 매장들은 늘어났지만, 프랜차이즈 매장들은 맥도널드 형제가 직접 운영하는 레스토랑과 달리 품질이 유지되지 않았다. 심지어 매장마다 제각기 메뉴도 달랐기 때문에 맥도널드 형제는 프랜차이즈 사업에 대해 회의를 느꼈다.

당연히 레이의 제안에도 회의적이었다. 그러나 그의 적극적인 태도에 결국 다시 프랜차이즈 사업을 시도해보기로 결정했다. 그렇게 1955년 레이는 일리노이주 디스플레인스에 첫 번째 정식 맥도날드 프랜차이즈 매장을 오픈했다. 이후 레이는 부지런히 매장을 늘려갔고, 그 결과 1958년에는 34개, 1959년에는 68개의 프랜차이즈 매장이 세워졌다.

회사가 급성장하면서 맥도널드 형제와 레이 사이의 갈등이 심해졌다. 맥도널드 형제는 철저하게 품질 관리가 가능한 소수 정예 가맹점만 유지하기를 원했는데, 레이는 미국 전역에 세워진 교회의 십자가들처럼 맥도날드의 황금 아치를 전국에 세우고 싶어 했기 때문이다. 황금 아치 디자인은 맨 처음 프랜차이즈를 시도할 때 매장 디자인을 고민하던 동생 리처드가 떠올린 것이다. 맥도널드 형제는 조지 덱스터라는 건축가와 구체적인 건축 디자인을 완성한 뒤 프랜차이즈 매장에서 쭉 이 황금 아치 디자인을 써왔다.

레이는 맥도널드 형제들로부터 로열티와 상표권, 황금 아치 디자인 등 사업에 관련된 모든 권리를 인수하기로 마음먹었다. 맥도

황금 아치 디자인의 맥도날드

널드 형제가 당시 요구한 금액은 270만 달러였다. 약 15년간 받을 로열티의 총액이었다. 엄청난 금액이라 당시 레이의 변호사들은 너무 비싼 금액이라며 반대했음에도, 레이는 맥도날드의 가능성을 생각하며 거래를 진행했다. 맥도널드 형제는 세금을 떼고도 각자 100만 달러씩 나눠 가지면서 어릴 적 꿈인 백만장자가 되었고, 레이는 자신이 꿈꾸던 맥도날드 제국을 세울 수 있었다.

──≫ **햄버거도**
프리미엄이 가능하다

1955년 레스토랑 박람회에서 레이와 만난 마이클 제임스 델리게티Michael James Delligatti(1918~2016)는 1967년 펜실베이니아주의 피츠버그 지역에서 무려 12개의 맥도날드 매장을 관리하게 되었

빅맥

다. 이 시기 마이클에게는 고민이 하나 있었다. 매장 인근에 강력한 메뉴를 가진 햄버거 프랜차이즈 경쟁 업체가 많다는 것이었다. 더블 덱커Double-decker를 파는 빅 보이Big Boy와 와퍼 Whopper를 판매하는 버거킹Burger King이었다. 둘에 비해 맥도날드의 햄버거는 너무 평범했다.

마이클은 이 문제의 해결하기 위해 고객들의 바람에 귀 기울였다. 당시 피츠버그는 제철 산업의 중심지로 철강공장이 여럿 있었고, 하루 종일 철강공장에서 고되게 일한 근로자들은 아주 배고픈 상태로 매장을 찾아왔다. 마이클은 패티가 달랑 1장만 들어간 기존의 햄버거로는 그들을 절대로 만족시킬 수 없다는 사실을 깨닫고, 아주 풍성한 햄버거를 만들어보기로 결심했다.

마이클은 빵 세 장과 두 장의 고기 패티, 치즈, 피클, 양파, 소스 등을 넣어 대형 햄버거를 만들었다. 당시 기존의 햄버거는 하나에 20센트로, 마이클은 이 대형 햄버거에 45센트의 가격을 책정하고 본사와 출시를 의논했다. 본사에서는 새로운 햄버거가 다른 제품들에 비해 너무 비싸다며 부정적이었지만, 마이클의 눈물겨운 설득으로 유니언타운 매장에서만 시험 판매하도록 허락했다.

새로운 햄버거, 빅맥은 출시되자마자 완전 초대박이 났다. 마이클의 분석이 적중한 것이다. 다음 해인 1968년 맥도날드 본사는 빅맥을 미국 전 매장에서 판매하기 시작했다. 1969년에는 맥도날드 총 매출의 19%가 빅맥의 매출이었다. 현재 빅맥은 매년 전 세계에서 13억 개 이상 팔린다. 이제 빅맥은 맥도날드의 상징으로 자리잡았다. 빅맥을 발명한 마이클은 맥도날드로부터 로열티 대신 감사패를 하나 받았다고 한다.

참깨빵 위에 순 쇠고기 패티 두 장

당시 햄버거 업계에서는 빵을 세 장 사용한다는 것이 매우 획기적인 아이디어였다. 그렇기 때문에 맥도날드만의 트레이드마크가 되어 아무도 따라 하지 않았다. 그러다 1997년에 와서 버거킹이 세 장의 빵과 두 장의 패티를 넣은 '빅 킹'을 일부 매장에서 판매하기 시작했고 2013년에는 정식 메뉴로 출시하면서 불문율이 깨졌다.

010

FERRERO

페레로 1946년

명품으로 유명한 이탈리아의 초콜릿

다양한 명품으로 유명한 이탈리아는 명품 초콜릿으로도 유명하다. 대표적으로 초콜릿의 명가인 페레로가 있다. '페레로' 하면 무엇이 제일 먼저 떠오르는가? 금빛 포장지에 싸여 있는 페레로 로쉐? 사실 이 페레로사의 메가 히트작은 한 번 맛보면 멈출 수 없다는 '악마의 초콜릿 잼' 누텔라다.

"악마의 초콜릿 잼으로
아이들의 제국을 세우다."

—→» **전쟁으로 물자가 부족하다는 건
핑계에 불과할 뿐!**

이탈리아 돌리아니라는 작은 마을에는 페이스트리 가게
가 하나 있었다. 피에트로 페레로^{Pietro Ferrero (1898~1949)}라는 남자가
운영하는 가게였다. 피에트로는 더 큰 사업을 하고 싶어 피에몬테
주에서 제일 큰 도시인 토리노^{Torino}로 진출했다. 사업은 나날이 번
창했지만 피에트로는 여전히 목말랐다.

1935년 10월 이탈리아는 에티오피아를 침공했다. 피에트로는
이 상황을 아주 좋은 사업 확장의 기회로 여겼다. 군인들을 대상
으로 빵과 페이스트리를 팔면 대박이 나리라 생각한 것이다. 이에

동아프리카에 있는 이탈리아의 식민지, 에리트레아의 아스마라로 향했다. 하지만 그곳에서의 페이스트리 사업은 철저히 실패했다.

실패의 쓴맛을 보고 다시 토리노로 돌아온 피에트로는 1940년에 대형 페이스트리 가게를 오픈했지만 또다시 문제가 발생했다. 이탈리아가 제2차 세계대전에 참전한 것이다. 전쟁 중 토리노가 영국군에게 폭격당하면서 피에트로는 피에몬테주의 아주 작은 도시인 알바로 거처를 옮겨야 했다.

피에트로는 1942년 알바에서 다시 작은 제과점을 열었다. 그런데 이번에도 문제가 생겼다. 제2차 세계대전 내내 이탈리아의 상황이 계속 어려워지면서 초콜릿의 원료인 카카오 콩 공급에 차질이 생긴 것이다. 물량 부족으로 카카오 콩의 가격이 폭등하자 비싼 원료 탓에 초콜릿을 만들어 팔아도 남는 것이 없었다. 문제를 고민하고 있던 피에트로는 어느 날 문득 어렸을 적 먹었던 초콜릿이 떠올랐다. 나폴레옹 전쟁이 일어난 19세기에도 해상 무역이 봉쇄당하자 원재료 품귀 현상으로 초콜릿 가격이 폭등한 적이 있었다. 당시 피에트로가 살던 이탈리아 피에몬테 지역 사람들은 헤이즐넛을 구워서 갈아 만든 페이스트에 초콜릿을 조금 넣어 먹었다. 이곳 사람들은 남아도는 헤이즐넛으로 만든 이 초콜릿을 '잔두야 Gianduja'라고 불렀다.

페레로의 잔두얏

잔두야는 코코아 분말이 조금밖에 들어가지 않아도 바삭하게 구운 헤이즐넛의 고소한 향미 덕에 전쟁 당시 이탈리아의 명물 초콜릿으로 이름을 날렸었다. 하지만 카카오 콩의 공급이 원활해지면서 자연스럽게 잊혔는데, 피에트로가 이 잔두야를 다시 만들어봐야겠다고 마음먹은 것이다. 비용을 줄이기 위해 구운 헤이즐넛, 아몬드, 설탕, 코코아 버터와 함께 20% 정도의 카카오 콩만 혼합했다. 그렇게 가격이 전통 초콜릿의 4분의 1도 안 되는 신제품이 탄생했다.

피에트로의 '잔두얏Giandujot'은 버터처럼 알루미늄포일에 싸서 판매됐다. 이 제품은 칼로 썰어 빵과 함께 먹기 아주 좋았기에 출시되자마자 초대박이 났다. 이후 1946년 5월 피에트로는 본격적으로 잔두얏을 생산하기 위해 정식으로 페레로Ferrero 컴퍼니를 설립했다. 페레로 컴퍼니는 2년 만에 직원이 100명으로 늘어나고 연간 2,500

톤의 잔두얏을 생산해내는 큰 기업으로 성장했다. 1948년 9월 폭우로 인해 근처 강이 범람하면서 페레로 공장은 커다란 홍수 피해를 입었다. 피에트로는 공장에 쌓인 진흙을 퍼내느라 직원들과 3일 밤낮으로 삽질을 했다. 공장은 다시 가동되었지만 피에트로의 건강은 심각하게 나빠졌고 6개월 뒤 갑작스러운 심장마비로 세상을 떠났다.

─» 무더위에서
악마의 초콜릿 잼이 탄생하다

피에트로의 죽음 이후 페레로 가족은 회사를 전문적으로 경영해나가기 위해 역할을 분담했다. 아내 피에라와 피에트로의 동생 조반니는 직원들을 감독하고 아들 미켈레 페레로Michele Ferrero(1925~2015)는 제품을 개발했다. 미켈레가 개발한 제품 중에

페레로 슈퍼크레마

는 오늘날 흔히 악마의 초콜릿 잼이라고 불리는 누텔라도 있다.

매우 더운 어느 여름날 공장을 둘러보던 미켈레는 더위 때문에 녹아버린 잔두얏을 발견했다. 녹은 잔두얏을 알루미늄포일에 포장할 수 없어 항아리에 옮겨 닮아야 하는 난감한 상황에서

미켈레는 아이디어를 얻었다. 잔두야을 빵에 발라먹기 편한 스프 레드 형태로 변형시킨 것이다. 그렇게 탄생한 것이 바로 누텔라의 전신인 '슈퍼크레마Supercrema'였다. 솔직히 누텔라는 미켈레가 아 닌 무더위가 만들었다고 해도 과언이 아니지 싶다.

초창기 슈퍼크레마는 항아리 모양의 통에 담겨 1kg(2.2파운드)씩 판매되었다. 라벨에는 이렇게 적혀 있었다.

"맛있는 에너지 덩어리, 한 통에 5,100칼로리 정도 합니다."

시간이 흘러 1962년 이탈리아에서는 소비자 제품 이름에 '슈퍼' 나 '울트라' 같은 최상급 표현을 쓰지 못하게 하는 법이 통과되었 다. 슈퍼크레마의 이름을 바꿀 수밖에 없던 미켈레는 헤이즐넛의 '넛NUT'에 모차렐라Mozzarella나 캐러멜라Caramella같이 이탈리아에서 애칭으로 흔히 쓰이는 '엘라ELLA'를 합성해 '누텔라Nutella'라는 이 름을 지었다.

누텔라는 이름뿐만 아니라 조리법 또한 시행착오를 거치며 개 선됐다. 현재는 잔두야을 만들 때 넣던 코코아 버터 대신 식물성 오일의 혼합물을 사용하며, 이 식물성 오일 혼합물이 누텔라 최고 비밀 중 하나다. 누텔라 역시 코카콜라처럼 제품의 조리법이 비밀 리에 전수되고 있는 셈이다.

1965년 현재까지 사용되는 누텔라 고유의 항아리 디자인이 도 입되면서 악마의 초콜릿 잼은 완전히 지금의 모습을 갖추었다. 현

누텔라 광고 포스터

재 누텔라는 세계 75개국 이상에서 매년 36만 5,000톤 이상 판매된다. 전 세계 헤이즐넛 생산량의 25%가 누텔라 생산에 사용된다고 한다.

──≫ **부모들을 위한**
　　　초콜릿

　　1945년부터 1964년 사이 태어난 어린이들, 소위 베이비붐 세대는 누텔라에 흠뻑 빠져들었다. 이 때문에 부모들은 걱정이 많았다. 누텔라가 한번 열면 멈출 수 없는 중독성을 지닌 어마어마한 칼로리 폭탄 초콜릿 설탕 덩어리였기 때문이다.

　1968년 무렵 독일 시장에 도전 중이던 미켈레는 부모들의 요구에 발맞춰 '가족'이라는 핵심 가치를 지닌 초콜릿을 개발하기로 마음먹었다. 기존 초콜릿을 만들던 헤이즐넛, 식물성 오일, 설탕, 소금, 팽창제, 카카오 콩 중에서 카카오 콩은 줄이고 비교적 우유를 많이 넣은 크림 식감의 초콜릿을 개발한 것이다. 이 초콜릿은 특히 포장에 신경을 많이 썼다. 일단 부모가 아이에게 양을 조절해서 줄 수 있도록 박스 안에 초콜릿을 개별 포장했다. 그리고 낱개 초콜릿도 어린이의 손에 알맞게끔 조각조각 나누기 편하도록 만들었다. 미켈레가 얼마나 부모들의 요구에 집중했는지 알 수 있는 부분이다.

새로운 초콜릿에는 독일어로 '어린이'를 의미하는 '킨더^{Kinder}'라는 이름이 붙었다. 킨더 초콜릿은 어린이를 겨냥해서 출시되었지만 어른들의 입맛까지 사로잡았고, 곧 독일과 이탈리아를 넘어 유럽으로 퍼졌다.

──» 세계인 모두가 아는 금박 패키지의 탄생

독실한 가톨릭 신자였던 미켈레는 프랑스 남서쪽 피레네 산맥에 위치한 루르드로 매년 순례 여행을 다녔다. 평소와 마찬가지로 루르드의 한 바위 동굴 속에서 성모 마리아상을 마주한 미켈레는 주변 바위에서 번뜩 새로운 아이디어를 얻었다. 초콜릿으로 통헤이즐넛을 감싸고, 겉을 울퉁불퉁한 바위 느낌을 내면 어떨까 생각한 것이다. 완벽주의자인 미켈레는 제품의 곡선이 마음에 들 때까지 거듭 연구했다. 그리고 무려 5년간 연구 끝에 프랑스어로 바위^{Rock}를 뜻하는 로쉐^{Rocher}를 붙여 '페레로 로쉐'라는 이름으로 1982년 공식 출시되었다.

미켈레는 페레로 로쉐를 기존의 제품들과 다른 위치에 포지셔닝했다. 고급스러워 보이는 금박지로 포장된, 우아하고 세련된 초콜릿으로 브랜딩한 것이다. 애초에 선물용으로 생각했기 때문이다. 미켈레의 의도대로 페레로 로쉐는 크리스마스 선물로 인기를 얻기 시작했다. 이후 밀크 크림에 아몬드와 코코넛으로 뒤덮인 페레로 라파엘로와 페레로 스타일의 다크 초콜릿 페레로 란드누아까지 출시됐다. 이른바 페레로 컬렉션이 완성되었다. 현재 페레로 로쉐는 매년 40개국 이상에서 약 40억 개가 판매되는, 세계에서 가장 잘 팔리는 초콜릿 중 하나다.

마지막까지 초콜릿

제과점 아들로 태어나 평생 초콜릿 개발의 외길을 걸은 미켈레 페레로는 누텔라로 독보적인 초콜릿 잼 시장을 개척하고 킨더로 초콜릿 시장을 장악했으며, 페레로 로쉐로 초콜릿이 얼마나 고급스러워질 수 있는지 보여줬다. 모두 초콜릿에 대한 사랑 덕분에 가능한 일이었다. 그는 2015년 89세의 나이로 세상을 떠났고, 세상을 떠난 날조차도 밸런타인데이였다.

Part 2.

생활 속의
오리지널

일상에 번뜩이는
아이디어를 더하다.

질레트

3M

샤프

크리넥스

지포

레고

모노폴리

폴라로이드

아디다스

011

Gillette

질레트 1901년

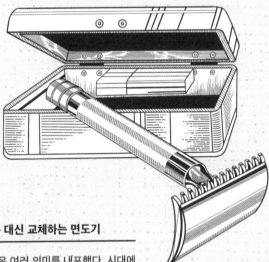

면도날을 가는 대신 교체하는 면도기

예로부터 수염은 여러 의미를 내포했다. 시대에 따라 권위와 예를 나타내기도 하고, 유행과 멋을 선도하기도 했다. 매일 아침 수염 관리는 남성들에게 떼려야 뗄 수 없는 루틴이었다. 질레트의 등장은 이 귀찮은 면도 판을 혁신적으로 뒤바꾸는 사건이었다.

"받는 면도에서 하는 면도로, 패러다임을 바꾸다."

—»   **성공은 조언을**
경청하는 데서 시작된다

1890년대는 깨끗하게 깎은 턱수염에 잘 손질해 기른 콧수염이 트렌드였다. 남성들은 잘 다듬어진 수염을 유지하려 일주일에 두세 번씩 이발소에 가서 면도를 받았다. 물론 스스로 면도하는 사람들도 없진 않았지만, 당시 가장 일반적이던 접이식 직선 면도기는 날카로운 칼날이 그대로 노출되어 있어 조금만 삐끗해도 얼굴이 쉽게 베였다. 이에 한 남성이 안전한 면도기에 대해 고민하기 시작했다. 바로 킹 캠프 질레트King Camp Gillette(1855~1932)였다.

1855년 1월 5일 미국 위스콘신주 퐁 뒤 라크란 마을에서 태어난 킹은 4살 무렵에 가족과 함께 일리노이주 시카고로 이사했다. 이후 16살이 될 때까지 별 탈 없이 잘 지냈지만, 1871년 10월에 일어난 19세기 최악의 재해 중 하나로 꼽히는 시카고 대화재를 겪으며 킹의 가족은 모든 것을 잃었다. 이들은 넉넉지 못한 형편 때문에 일자리를 찾으러 뉴욕으로 이사해야 했다.

뉴욕에서 특허 대리인으로 취업한 아버지는 아들인 킹에게 다양한 발명품 이야기를 전해줬다. 아버지의 이야기를 들으며 킹은 다양한 발명 아이디어를 떠올렸다. 요리 연구가인 어머니에게서도 영감을 받았을 것이다. 하지만 어려운 형편 탓에 발명보다는 당장 생계를 위한 일이 우선이었다.

17살이 되던 해 킹은 학교를 그만두고 세일즈맨으로 일하기 시작했다. 이후 20년 가까이 세일즈맨으로 살아가면서도 마음속에는 항상 발명에 대한 열정이 있었다. 틈틈이 다양한 발명품도 연구 개발했다. 어느새 35살이 된 킹은 총 4개의 특허를 얻었으나, 안타깝게도 그중 성공한 발명품은 없었다.

1895년 크라운 코르크 앤 씰이라는 코르크 회사에서 세일즈맨으로 일하게 된 킹은 유명한 발명가 윌리엄 페인터를 만났다. 윌리엄은 병 음료나 맥주병의 병따개를 최초로 개발한 인물로, 코르크 앤 씰의 대표이기도 했다. 킹이 발명에 관심이 많다는 것을 알고 있던 윌리엄은 킹에게 이렇게 조언해줬다.

"적은 비용으로 만들 수 있고 소비자에게 반복적인 구매를 유도할 수 있는 제품을 만들어봐."

쉽게 말해 한번 사용하고 버린 후 또다시 사용하기 위해 반복 구매해야 하는 일회용품을 만들어보라는 이야기였다. 킹은 윌리엄의 조언을 곱씹었다.

⟶≫ 포기하지 않았기에
가능했던 아이디어

1895년 어느 날 아침이었다. 킹은 당시 트렌드이던 잘 다듬어진 수염을 위해 직접 면도를 하던 중이었다. 그런데 면도날이 무뎌져 수염이 잘 깎이지 않았다. 애초에 날카로워서 위험한 면도날이지만, 잦은 면도로 무뎌진 날을 다시 숫돌로 연마해야 하는 귀찮은 상황이었다.

킹은 이때 한 가지를 알아차렸다. 칼날만이 면도에 진짜 필요한 유일한 부분이라는 사실을 말이다. 이어서 생산 단가를 줄이기 위해 납작한 강철 조각의 양날만 날카롭게 깎고, 면도날만 교체해서 반복 구매할 수 있는 교체식 면도기가 있으면 어떨까 생각했다. 그는 매사추세츠 공과대학교M.I.T의 금속공학자들을 찾아다니며 이 아이디어의 구현 가능성을 물었다. 그러나 하나같이 모두 불가

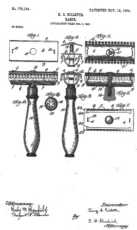
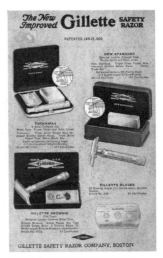

질레트 면도기 특허 문서　　　　　질레트 세이프티 레이저 광고 포스터

능하다며 고개를 가로저을 뿐이었다.

　킹은 포기하지 않고 엔지니어를 찾아 헤맸다. 6년이라는 시간이 흐른 1901년 매사추세츠 공과대학교를 졸업한 화학공학자 윌리엄 에머리 니커슨William Emery Nickerson을 만난다. 그리고 윌리엄의 도움을 받아 그가 상상만 하던 일회용 면도날을 만들 수 있었다.

　이들이 만든 면도기는 T자 모양의 홀더 윗부분에 양날이 날카로운 얇은 면도날을 끼우고, 그 위를 빗처럼 홈이 있는 부속으로 덮어서 사용하는 방식이었다. 홈 덕분에 면도날이 피부에 주는 자극은 줄이고 안전성은 높였으며, 양쪽이 모두 무뎌지면 면도날만 교체해서 다시 쓸 수 있었다. 아주 편리하면서도 혁신적인 면도기를 개발한 것이다.

킹과 윌리엄은 1901년에 아메리칸 세이프 레이저^{American Safe Laser}를 설립하고, 2년 뒤인 1903년부터 양날 안전면도기를 본격적으로 생산 판매했다. 그런데 첫해 판매량은 면도기 51개와 면도날 168개밖에 되지 않았다. 매출을 높이기 위해 고민하던 킹은 소비자들의 면도날 반복 구매 유도를 위해 면도기 홀더를 무료로 나눠주는 이벤트를 진행했다.

킹의 이 전략은 성공적이었다. 곧 매출이 급증했고, 다음 해에는 무려 9만 개의 면도기와 12만 개 이상의 면도날이 판매됐다. 1904년 아메리칸 세이프 레이저 컴퍼니는 질레트 세이프티 레이저스^{Gillette Safety Razors}로 회사명을 변경했다. 이후 1905년에는 영국 런던과 프랑스 파리에 영업 사무소를 열었고 1906년에는 캐나다, 멕시코, 러시아 등 해외로 계속해서 진출했다.

——» **한 번의 전쟁 대박,**
또 한 번의 전쟁 쪽박

킹은 새로운 제품 연구에 투자를 아끼지 않고 과감한 경영을 했던 탓에 투자자들과 자주 마찰을 빚었다. 1910년 킹은 질레트의 임원 중 한 사람인 존 조이스^{John Joyce}에게 90만 달러를 받고 자기 지분의 3분의 2를 팔아버렸는데, 정확히 어떤 이유인지는

질레트 면도기 세트

밝혀지지 않았다. 다만 대외적으로는 킹이 계속 질레트의 사장직을 유지했다.

경영진의 사정이야 어떻든 질레트 면도기는 꽤 성공적으로 판매 중이었다. 그렇다고 아주 대중적으로 자리잡은 것도 아니었다. 여전히 이발소에서 받는 면도에 익숙한 사람이 많은 탓이었다.

하지만 1917년 미국이 제1차 세계대전에 참전하면서 상황은 급변했다. 군사 규정 때문에 모든 군인이 개인 면도기 세트를 소지해야 했던 것이다. 이때 질레트는 케이스에 미 육군이나 해군 휘장이 새겨진 면도기 세트를 만들어 1917년에만 110만 개가량의 일회용 면도기를 판매했다.

1918년에는 미군이 모든 미군 병사에게 질레트 면도기 세트를 지급하면서 무려 면도기 350만 개와 면도날 3,200만 개의 판매고를 올렸다. 많은 사업이 전쟁 때문에 망했는데, 질레트는 오히려 전쟁 특수로 초대박이 난 것이다.

전쟁이 끝난 뒤에도 많은 변화가 있었다. 전쟁 동안 스스로 면도하는 일에 익숙해진 미군 병사들이 계속 면도기를 구매한 것

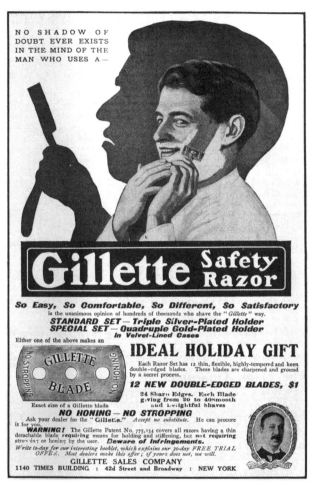

질레트 세이프티 레이저 광고 포스터

이다. 전쟁은 끝났지만 질레트 면도기는 계속 소비되었다. 킹은 로열티와 배당금으로 어마어마한 돈을 벌었다. 하지만 1929년 10월 24일 시작된 대공황으로 질레트의 주가 역시 폭락한 탓에 대부분의 재산을 잃었다. 1931년에는 건강까지 나빠지면서 사장직에서도 사임했고, 1년 후인 1932년 7월 9일 결국 세상을 떠났다.

대공황 동안 다른 회사들처럼 질레트 역시 경영에 많은 어려움을 겪었다. 그나마 해외 지사들의 매출이 어느 정도 유지되고 있어 다행이었다. 1937년 독일의 질레트 공장들은 무려 9억 개의 면도날을 생산했다. 독일 면도날 시장의 65~75%를 차지하는 양이었다. 그렇지만 1939년 제2차 세계대전이 일어나면서 상황이 또 급변했다. 나치 독일과 일본 제국은 질레트 생산 공장을 몰수했고, 영국 런던과 미국 보스턴에 있는 질레트 생산 공장은 무기 생산 공장으로 사용되었다.

제1차 세계대전 때와 달리 상당히 어려움을 겪긴 했지만, 질레트는 가까스로 제2차 세계대전을 버텨냈다. 전쟁이 끝나고 폐쇄되었던 세계 곳곳의 공장들이 다시 가동되면서 질레트의 매출은 1946년 다시 5,000만 달러로 증가했다. 1950년에 이르러서는 미국 면도날 시장의 점유율 50%를 차지했고, 새로운 기술을 계속 적용하며 면도기 업계를 다시 리드하기 시작했다. 최초의 교체식 양날 안전면도기를 개발하여 면도의 패러다임을 바꾼 질레트는 안전한 면도를 위해 끊임없이 연구하고 있다.

저자극 면도를 위한 끝없는 연구

1964년 영국 레딩의 질레트 연구소에는 노먼이라는 직원이 2개의 면도날로 실험을 하다가 첫 번째 면도날은 모낭으로부터 수염을 잡아당기고, 두 번째 면도날은 수염에 닿아 더 짧게 잘리는 현상을 발견했다. 면도기의 이력현상을 발견한 것이다. 질레트는 이력현상을 적용한 제품을 만들기 위해 수년간 연구한 끝에 1971년 최초의 트윈 면도기 트랙2를 출시했다. 이후 1998년 트윈 면도날 시스템을 넘어 3중 면도날 시스템을 적용한 질레트 마하3를 세상에 공개했다. 2006년에는 5개의 면도날이 달린 질레트 퓨전5까지 개발했다. 이처럼 끝없는 연구 개발의 결실로 질레트는 아직까지도 면도기의 대명사로 불리고 있다.

012

3M

3M 1902년

어디에나 있는 사무용품 브랜드

3M은 세계 최초로 접착용 셀로판테이프, 스카치테이프, 포스트잇을 만든 것으로 유명하다. 하지만 이 회사의 제품이 사무용품만 있는 것은 아니다. 3M에서 생산하는 물건은 무려 5만 개를 넘어간다. 사무용품, 의료용품, 방화용품, 자동차용품 등 산업용부터 일반 소비재까지 다양한 제품을 개발하는 이 회사, 도대체 정체가 뭘까? 3M의 출발은 광산회사였다고 한다.

"광산 부자의 꿈을
노란 포스트잇으로 이루다."

⟶⟫ **악재에서 시작된
비즈니스**

사람들은 3M이 원래 광산 제조 회사였다는 사실을 알까? 1902년에 처음 설립된 3M의 풀네임은 미네소타 광산 제조회사 Minnesota Mining and Manufacturing Company다. 2002년에 들어서야 창립 100주년을 기념하며 3M으로 회사 이름을 변경했다.

설립 당시 회사 이름에서 알 수 있듯이 3M은 미네소타주에서 연마재 원재료 광물인 커런덤corundum을 캐내는 사업으로 시작했다. 커런덤은 산화알루미늄 혹은 강옥이라고도 하며, 경도가 높아서 물질의 표면을 깎고 다듬는 데 적합하다. 문제는 3M의 광산

옛 델루스의 3M 사무실 자리에 재건된 건물, 현재는 3M 박물관으로 사용 중이다.

에서 질 낮은 사암만 나왔다는 것이다. 그렇게 3M의 첫 사업은 완전히 망했다. 다행히 1905년 증기 엔진 사업으로 성공한 루시우스 오드웨이Lucius P. Ordway라는 사업가가 3M에 투자하겠다고 나타났다. 이후 3M은 광물을 채굴하는 대신 스페인 석류석을 수입했다.

투자자인 루시우스는 유통 동선을 줄이기 위해 회사를 미네소타주의 항구도시 델루스로 옮기도록 했다. 그렇게 3M은 델루스에 2층짜리 사포 제조 공장을 건설하고 생산을 시작했다. 그런데 어느 날 갑자기 멀쩡하던 제조 공장 건물이 와장창 무너져 버렸다. 부실하게 지어진 제조 공장은 사포 원료들의 무게를 이기지 못했다. 이처럼 초창기 3M은 여러 악재의 연속이었지만, 투자자들은 포기하지 않고 사업을 지켜나갔다. 그 덕분에 3M의 사포는 조금씩 안정적으로 생산되기 시작했다. 루시우스는 사포 사업의 가능성을 보고 교통이 좋은 미네소타주 세인트폴 지역에 새로운 공장을 건설하며 사업을 확장했다.

⟶≫ 문제는
해결하라고 있는 것

1907년 3M에는 윌리엄 맥나이트[William McKnight (1887~1978)]라는 직원이 입사했다. 회계장부를 관리하던 윌리엄은 엉망진창이던 초기 3M의 재정 상황을 파악하고는 비용을 절감하면서도 더 나은 제품을 만들 수 없을까 고민했다. 새로운 아이디어를 회사에 제안하는 등의 노력 덕분에 윌리엄은 27살의 나이에 총괄 책임자로 초고속 승진할 수 있었다.

윌리엄이 총괄 책임자로 열심히 일하던 어느 날, 3M에서 생산하던 사포 제품에서 계속 돌가루가 떨어지는 문제가 발생했다. 윌리엄은 불량이 발생하는 원인을 파악하기 위해 연구팀을 구성했다. 불량품의 원인은 당시 사포의 재료인 석류석이었다. 당시 3M의 석류석은 스페인에서 수입해왔는데, 수입 과정 중 옆자리에 놓여 있던 올리브오일이 돌에 스며드는 바람에 돌가루가 떨어지는 것이었다. 이에 남아 있던 스페인 석류석을 가열하여 올리브오일을 모두 제거하자 정상적으로 사포를 생산할 수 있었다. 이 문제를 해결한 후에도 3M은 연구팀을 계속 유지했다.

바로 그해 3M은 최초로 고유의 기술로 만든 산화알루미늄 연마재를 사용한 쓰리-엠-잇Three-M-ite 인공 연마포도 개발했다. 원래 가구나 목공 공장에서 가장 많이 쓰이던 연마재는 자동차 산업의 발전과 함께 수요가 점차 증가했다. 1914년 제1차 세계대전이 일어나자 탱크와 군용차량의 생산이 증가했고 금속 연마재의 수요도 급증했다.

금속 연마에 탁월한 쓰리-엠-잇 사포는 독점 기술 덕에 시장을 장악할 수 있었다. 3M의 주주들은 한 주당 6센트씩 첫 배당금을 지급받았다. 3M은 연마재의 성능 개선에 더욱 집중하기 위해서 품질 관리 프로그램까지 만들며 기술 개발에 힘썼다. 그중에는 당연히 사포도 있었다.

당시 사포는 자동차 산업에서 주로 마감 작업할 때 사용되었는데, 연마 중에 제품에 손상을 입히는 경우가 많았다. 연마하면서 갈려 나온 수많은 먼지는 여기저기 날아다니며 작업자를 아주 귀찮게 했다. 제품을 좀 더 부드럽게 다듬으면서 먼지까지 차분하게 가라앉히려면 연마 과정에서 물을 뿌려야 했으나, 물이 묻으면 기존의 사포는 아예 기능을 잃어버렸다. 이 부분에 주목한 3M은 1921년 세계 최초의 방수 코팅 사포인 3M 웻오드라이Wetordry를 개발했다. 이 방수 코팅 사포 덕분에 공장에 날아다니는 먼지가 많이 줄며 작업 공정의 효율성이 높아졌을 뿐만 아니라 공장 근로자들의 건강도 지킬 수 있었다.

⟶≫ 구두쇠에겐 수선용 테이프가 필수

1921년 리처드 걸리 드류Richard Gurley Drew(1899~1980)라는 22살 청년이 3M에 입사했다. 그의 업무는 자동차 제조업체를 돌아다니며 신제품이던 웻오드라이의 사포 샘플을 테스트하는 것이었다. 당시 자동차 시장에는 두 가지 색상으로 차를 칠하는 투톤 컬러 도장이 유행이었다. 그런데 작업자들이 두 색상의 경계 부분을 깔끔하게 칠하는 데에 큰 어려움을 겪고 있었다. 당시 투톤 도장 작업은 하나의 색을 칠하고 그 위에 접착제로 신문지를 붙인 뒤 다른 색을 칠해야 했다. 문제는 작업을 끝내고 신문지를 떼어내면 접착제가 남거나 이전에 칠해놓은 페인트가 벗겨져 다시 칠해야 하는 경우가 빈번했던 것이다.

리처드는 이 모습에서 '끈적거리지 않는 접착 종이'를 개발해야겠다고 마음먹는다. 2년 동안 식물성 기름, 글리세린, 각종 합성수지 등으로 열심히 실험한 끝에 결국 1925년 세계 최초로 마스킹 테이프를 개발했다. 마스킹 테이프는 칠해놓은 페인트 위에 붙였다가 떼어도 페인트가 뜯어지지 않는 데다 끈적임이 남지도 않았기 때문에 투톤 도장 작업 필수품으로 불티나게 팔렸다. 리처드는 마스킹 테이프 개발의 공을 인정받아 입사 4년 만에 연구소 기술 부문장으로 승진했다.

최초의 마스킹 테이프가 모두에게 사랑만 받은 것은 아니다. 최초의 마스킹 테이프는 가장자리에만 접착제가 묻어 있었던 탓에 쉽게 떨어져 버리곤 했다. 이에 화가 난 어떤 작업자는 3M의 직원에게 이렇게 말했다고 한다.

"당신의 스카치 사장에게 이 테이프를 가져가서 접착제를 많이 좀 사용하라고 하세요!"

'스카치Scotch'라는 단어는 구두쇠라는 의미였다. 리처드는 스카치라는 단어를 새롭게 개발한 제품 이름으로 사용했다. 바로 스카치 셀로판테이프다. 당시 셀로판이라는 비닐과 비슷하지만 성질은 다른 투명 필름이 인기였다. 투명한 셀로판은 주로 포장재로 사용되었으나 접착력이 없어서 용도가 제한적이었다. 여기에 아이디어를 얻은 리처드는 셀로판 필름에 3M의 접착제를 발라 투명 접착테이프인 스카치 셀로판테이프를 개발했다.

스카치 셀로판테이프는 1929년 대공황 시기에 출시되었다. 처음에는 포장업체를 중심으로 납품하려 했으나 인기가 없었다. 하지만 스카치 셀로판테이프의 기회는 다른 곳에서 생겼다. 가정에서 스카치 셀로판테이프를 사용해 찢어진 책은 물론 부서진 장난감이나 찢어진 옷에 붙여 재활용했고, 심지어 농부들은 갈라진 칠

면조알에도 테이프를 붙였다. 모두가 강제로 구두쇠가 될 수밖에 없던 시기, 소비자들의 재활용 정신을 발판 삼아 극심한 불황 속에서도 3M은 크게 성장할 수 있었다.

1941년 12월 미국이 제2차 세계대전에 참전하면서 스카치 셀로판테이프는 또 한 번 크게 성장하는 계기를 맞았다. 폭탄이 난무하는 상황에서 피해를 최소한으로 줄이기 위해 사람들이 스카치 셀로판테이프를 창문에 붙인 것이다. 군대에서는 탄약의 부식을 막기 위해 박스를 밀봉하는 데도 사용되었다. 스카치 셀로판테이프는 여러모로 제2차 세계대전의 아주 중요한 전쟁용품이었다.

──≫ '쓸모없는 물건'을 초대박 상품으로

1968년 3M 중앙 리서치 연구소 수석 화학자 스펜서 퍼거슨 실버Spencer Ferguson Silver(1941~2021)는 비행기 제조에 사용할 초강력 접착제 개발을 시도했다. 그러다 우연히 접착력이 아주 약한 접착제를 개발했다. 접착력이 어찌나 약하던지 살짝만 힘을 줘도 금방 떨어져 버리고 말았다. 단 자국이 전혀 남지 않는다는 장점이 있었다. 스펜서는 기존에 존재하지 않던 이 약하디약한 접착제가 분명 어딘가에 쓸모가 있으리라 생각하고 무려 5년간 사내 기술 세미나를 열어 이 약한 접착제를 발표했다.

포스트잇

대부분의 사람들은 스펜서의 접착제를 철저히 무시했다. 접착제로는 완전 실패작으로 치부한 것이다. 그럼에도 스펜서는 포기하지 않고 꾸준히 자신의 접착제에 대해 소개했다. 그러다 1974년 아서 프라이Arthur Fry(1931~)라는 직원이 우연히 스펜서의 약한 접착제 세미나 발표를 듣게 된다.

붙였다 뗄 수 있고 자국도 남지 않는 약한 접착제에 대해 듣고 있던 아서는 문득 평소 고민하던 문제를 떠올렸다. 당시 교회에서 성가대로 활동하던 그는 찬송가를 빨리 찾기 위해 종이를 책갈피로 사용하고 있었다. 하지만 찬송가를 펼치면 끼워둔 종이가 떨어져 버리곤 했다. 종이를 접착제로 붙여도 봤지만, 종이를 떼어낼 때 찬송가 페이지도 같이 뜯어져 여간 불편한 게 아니었다.

아서는 스펜서의 약한 접착제로 책갈피를 만들면 상품성이 있다고 생각했다. 곧바로 이 아이디어를 회사에 제안했지만 3M은 수요가 없으리라 판단하고 아서의 기획을 거절했다. 하지만 아서는 포기하지 않고 직접 연구를 진행했고 1977년 세계 최초로 점착식 메모지 개발에 성공한다.

야심 차게 출시한 점착식 메모지는 초기에 매출이 좋지 않았다. 아서는 좌절하지 않았다. 실용적이고 편리한 이 제품의 잠재력을 믿고 있었기 때문이다. 곧이어 이 메모지가 얼마나 유용한지 증명하기 위해 견본품을 만들어 〈포춘〉이 선정한 100대 기업의 비서들에게 보냈다. 반응은 뜨거웠다. 샘플을 직접 사용해본 비서들에게서 구매 주문이 쇄도한 것이다.

1978년 미국에서 포스트잇이라는 제품명으로 출시되었고 3년 후에는 유럽과 캐나다에도 수출하기 시작했다. 오늘날 포스트잇은 매년 500억 개 이상 팔리는 히트 상품으로 자리잡았다.

포스트잇은 왜 노란색일까?
눈에 잘 뜨이게 하려고 노란색으로 만든 것 같지만 사실은 그게 아니다. 포스트잇 개발 당시 아서 프라이의 실험실에는 노란색 종이만 가득 있었다고 한다. 갖고 있는 종이로 만들다 보니 포스트잇의 상징이 노란색이 되어버린 셈이다.

013

SHARP

샤프 1915년

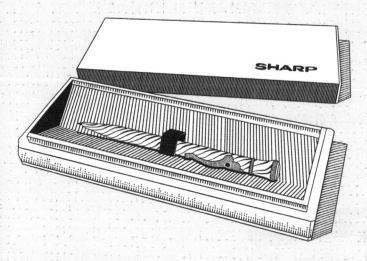

학생들의 단짝친구 샤프 펜슬

샤프 펜슬을 한 번도 안 써본 학생이 있을까? 아마 없을 것이다. 심이 닳으면 어떻게든 깎아줘야만 쓸 수 있는 연필과 달리 샤프 펜슬은 똑딱똑딱 손가락 몇 번만 움직여주면 다시 편하게 사용할 수 있어 오늘날 학생들의 필수품 중 하나다. 이렇게 편리한 샤프 펜슬은 누가, 어떻게, 왜 발명한 것일까? 사실 샤프의 역사는 생각보다 오래되었다. 일단 흑연이라는 광물이 발견된 시기로 거슬러 올라가보자.

"편리한 필기의
정점에 서다."

—⋙ **학생들의 필수품,
샤프 펜슬의 역사**

전설에 따르면 1500년대 강력한 폭풍이 영국의 레이크 디스트릭트 지방을 강타하면서 어느 나무를 뿌리째 뽑아버렸고, 이때 나무뿌리와 함께 엄청난 양의 흑연 퇴적물이 발견되었다고 한다. 이 전설을 확인할 방법은 없지만, 영국의 레이크 디스트릭트 지방이 흑연의 주산지이기는 하다. 화학이 별로 발달하지 못했던 당시에는 사람들이 이 광물을 납으로 여겼다.

초기에는 이 지역의 양치기들이 양 세는 데 주로 흑연을 사용했다. 사람들은 단단한데다 까만 것이 묻어 나오는 흑연이 글씨

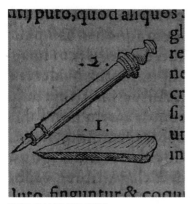

콘레드 게스너의 샤프 디자인

쓰기에 편리하다는 사실을 점차 알아차렸다. 이에 작가들은 흑연 막대기를 양가죽이나 끈으로 감싸서 사용하기 시작했다. 그러다 1565년 스위스의 철학자이자 의사이며 자연사학자 겸 삽화가인 콘라트 게스너가 나무통 안에 흑연 막대기를 넣고 수동으로 조절하는 방식의 아이디어를 스케치했다. 기록상 최초의 샤프 디자인이다.

시간이 흘러 1822년 영국의 은Silver 세공인 샘슨 모르단과 발명가 존 아이작 호킨스는 흑연 막대기를 앞으로 쉽게 꺼내고, 편리하게 교체할 방법이 없을까 고민하다가 샘슨 모르단 연필을 개발했다. 내부에서 가느다란 기둥으로 흑연 막대기를 밀어내는 아주 원시적인 방식이었지만, 당시에는 아주 획기적인 아이디어였다. 이것이 세계 최초로 특허를 받은 샤프 펜슬이다. 영국에서는 이를 메

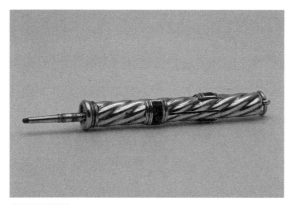

샘슨 모르단 연필

카니컬 펜슬Mechanical Pencil이라 불렀다. 1879년에는 미국의 조세프 호프만이 펜슬 뒷부분에 푸시 버튼 클러치를 장착하고 버튼을 누르면 흑연 막대기가 앞으로 추진되는 방식을 최초로 개발했다.

───»   **메카니컬 펜슬이
        샤프 펜슬로 정착하기까지**

메카니컬 펜슬은 오랜 시간에 걸쳐 기능적으로 상당히 진보했지만, 나무 연필에 비해서 내구성이 약하고 결함도 많았다. 이런 메카니컬 펜슬을 오늘날의 샤프 펜슬로 만든 이가 바로 일본 도쿄 출신의 하야카와 토쿠지早川德次(1893~1980)다.

하야카와의 어린 시절은 불행했다. 태어나고 얼마 지나지 않아 부모가 둘 다 폐병에 걸려 남의 집의 양자가 되었다. 양자로 들어간 집에서도 초등학교 입학 전부터 성냥갑 붙이는 일을 해야만 했다. 하야카와는 겨우 입학한 초등학교마저도 1년 만에 그만두고 금속장인인 요시마츠 사카타 밑에서 견습공으로 일했다. 어린 나이임에도 하야카와는 스승인 요시마츠에게 금속공예품 만드는 일을 열심히 배웠다. 자녀가 없었던 요시마츠 부부는 하야카와를 친자식같이 챙겼고 하야카와도 그들을 친부모처럼 잘 따랐다. 요시마츠 부부와 함께한 시간은 어린 하야카와에게 처음으로 안정감과 행복을 느끼게 해주었을 것이다.

1908년 요시마츠 작업장은 연필 제조라는 새로운 사업에 뛰어들었다. 연필을 만들려면 먼저 흑연과 점토를 혼합하여 연필심을 만들어 나무에 결합해야 했다. 그런데 요시마츠 작업장에서 만든 연필은 중심부에 연필심을 넣는 과정에서 불량품이 많이 생겼다. 문제를 해결하지 못한 요시마츠의 연필 제조 사업은 결국 실패했고 작업장 문을 닫아야 했다. 이처럼 어려운 상황이었지만 하야카와는 친부모 같은 요시마츠 부부를 떠나지 않고 그들 곁에서 머물며 야시장에서 불량 연필을 팔았다.

하야카와가 견습생 생활을 마칠 1912년 무렵 일본에는 점차 서양의 패션이 들어오면서 바지와 벨트 착용이 전통적인 기모노를 대체하는 새로운 패션 스타일로 인기를 끌기 시작했다. 그러던 어느 날 하야카와는 영화를 보다가 벨트가 풀린 배우의 모습에서 아이디어를 하나 떠올렸다. 바로 길이에 상관없이 고정할 수 있는 구멍 없는 금속 벨트 버클이었다.

스승인 요시마츠에게서 금속 가공에 대해 많이 배운 그는 자신이 가장 잘할 수 있는 일로 새로운 것에 도전했다. 그 결과 신개념 벨트 금속 자동 버클 발명에 성공한다. 그는 이 버클에 도쿠비조德尾錠라는 이름을 붙였는데 이후 스승 요시마츠의 제안으로 특허 출원까지 마쳤다.

하야카와의 도쿠비조는 벨트 패션의 인기와 함께 불티나게 팔렸다. 비록 제대로 된 기초 교육은 받지 못했지만, 하야카와는 발명에 소질이 있었다. 1912년 9월 15일 금속 가공 회사를 설립한 19살의 하야카와는 조절식 수도꼭지, 패턴이 있는 우산 페룰 등 끊임없이 새로운 발명품을 만들었다.

───≫ **항상 뽀족하게
준비된 연필?**

1915년 하야카와는 가장 자신 있는 금속 가공으로 자신만의 메카니컬 펜슬 발명에 도전했다. 스승 요시마츠가 연필 제조 사업에 도전했다가 실패한 것도 이 도전에 영향을 주었을지 모른다. 앞서 설명한 것처럼 1910년대에는 이미 여러 메카니컬 펜슬이 존재했지만 내구성이 약해서 죄다 실생활에 사용하기에 적합하지 않았다. 하야카와는 지금까지 메카니컬 펜슬이 해결하지 못한 내구성 문제 해결에 중점을 두면서도 흑연 막대기가 간편하게 앞으로 추진되는 제품을 만들기 위해 연구를 거듭했다.

그는 메카니컬 펜슬에 나사 같은 방식을 접목했다. 캡을 시계 반대 방향으로 한두 바퀴 돌리면 흑연 막대기가 앞으로 나오고, 시계 방향으로 돌리면서 책상같이 단단한 곳에 샤프심을 대면 펜슬 안으로 들어가는 방식이었다. 캡 부분에는 지우개가 숨어 있고, 지우개를 빼면 샤프심을 보관할 수도 있었다. 이 같은 형태는 오늘날의 샤프에도 여전히 찾아볼 수 있다. 하야카와는 자신의 메카니컬 펜슬에 에버 레디 샤프 펜슬Ever Ready Sharp Pencil이란 이름을 붙였다. 항상 뾰족하게 준비된 연필이라는 의미였다.

금속으로 만든 하야카와의 에버 레디 샤프 펜슬은 확실히 내구성이 뛰어났지만, 판매 초기에는 생각보다 잘 팔리지 않았다. 당시 일본 사람들이 주로 입던 전통 기모노 복장과 금속 샤프 펜슬이 어울리지 않는다고 생각했기 때문이다. 게다가 금속의 특성상 샤프 펜슬은 겨울에 많이 차가웠다.

그러던 어느 날 요코하마의 한 무역회사로부터 갑자기 에버 레디 샤프 펜슬의 대량 주문이 들어왔다. 제1차 세계대전으로 인해 유럽에 보급품이 부족해지면서 기회가 온 것이다. 유럽과 미국 시장에서 쌓은 명성은 다시 일본으로 전해졌다. 그렇게 일본에서도

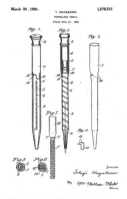

에버 레디 샤프 펜슬 특허 문서

에버 레디 샤프 펜슬의 대유행이 시작됐다. 우리나라에서 '샤프 펜슬'이라는 제품명이 정식 명칭인 '메카니컬 펜슬'보다 유명한 것도 이 유행에서부터 출발했을 것이다.

에버 레디 샤프 펜슬은 1926년에 미국에서 공식 특허를 받는다. 이후 하야카와는 해외에서 물밀듯이 들어오는 주문을 감당하기 위해 친형과 함께 하야카와 브라더 쇼카이라는 새로운 회사를 설립했다. 1970년에 들어서 하야카와 산하의 전자기기 회사 이름을 샤프 코퍼레이션Sharp Corporation 으로 바꿨는데, 아마도 샤프 펜슬이 그에게 큰 의미가 있었기 때문이리라 생각한다.

일본의 발명왕

회사 설립 후 하야카와는 일본 최초로 라디오, 흑백 TV와 전자레인지를, 세계 최초로 트랜지스터 전자계산기와 LCD 전자계산기 등을 개발다. 이 밖에도 수많은 전자 제품을 일본 최초로 개발했기에 일본의 에디슨, 미스터 퍼스트MR. First 같은 별명을 얻었다.

014

Kleenex

크리넥스 1924년

일상의 불편함을 닦아내는 크리넥스

흘린 것을 닦을 때, 화장실에서, 화장을 지울 때 등 쉽게 쓰고 간편하게 버리면 되는 일회용 화장지. 화장지가 없는 생활은 상상하기 싫을 정도다. 하지만 20세기 초까지만 해도 화장지는 대중화되지 않아 일회용 손수건이라고 불렀다. 덧붙여 화장지 대표 브랜드인 크리넥스는 전쟁 중 다친 병사들을 위해 개발된 의료용품이었다.

"일회용 손수건으로
바이러스를 막자."

———» **전 세계 인구의**
      4분의 1이 쓰는 제품

전 세계 175개국에서 전 세계 인구의 4분의 1이 매일 사용하는 제품 브랜드가 있다. 글로벌 생활용품 기업 킴벌리-클라크Kimberly-Clark의 이야기다. 이곳에서 생산되는 크리넥스는 일회용 티슈의 대명사이기도 하다. 1872년 미국 위스콘신주 니나에 제지 공장을 세우며 시작된 이 기업은 존 알프레드 킴벌리John Alfred Kimberly(1838~1928), 찰스 벤자민 클라크Charles Benjamin Clark(1844~1891), 하빌라 밥콕크Havilah Babcock(1837~1905), 프랭클린 샤턱Franklyn C. Shattuck(1825~1901) 이렇게 4명의 동업자가 모은 4만 2,000달러의 자본금으로 설립되었다. 회사 이름은 동업자 중 둘의 이름을 따 킴벌리 클라크 앤 컴퍼니Kimberly-Clark&co.로 지었다.

킴벌리 클라크 앤 컴퍼니의 제지공장에서 처음 만든 제품은 리넨과 코튼 래그Cotton rag라 불리는 재료로 만든 신문지였다. 사업이 안정적으로 확장되자 킴벌리 클래크 앤 컴퍼니는 1878년 근처 아틀라스 제지 공장의 최대 주주가 되었다. 이후 마닐라Manila라는 종이로 포장지 사업도 시작했는데 마닐라지는 다른 종이보다 정제 과정이 적어서 값이 저렴했다. 새롭게 시작한 사업 역시 성공적으로 운영되며 회사는 착실하게 몸집을 불려갔다.

하지만 회사에 굴곡이 전혀 없었던 것은 아니다. 1888년 아틀라스 제지 공장에 불이 나면서 회사는 큰 피해를 입었다. 당시 사장이던 킴벌리를 비롯한 전 직원은 회사의 복구를 위해 5개월에 걸쳐 열심히 노력했다. 그 결과 공장을 좀 더 큰 규모로 재건할 수 있었다. 1891년 찰스 벤자민 클라크가 47살로, 1901년 프랭클린 샤턱이 74살로, 1905년 하빌라 밥콕크가 45살로 사망하면서 초기 투자자 4명 중 3명이 세상을 떠났다. 2년 뒤인 1907년에는 존 킴벌리도 사장 자리에서 물러났고 그렇게 초기 투자자들의 시대가 끝이 났다. 이후 프랭크 제이콥 센센브레너Frank J. Sensenbrenner가 회사 경영권을 맡으면서 회사 이름이 지금의 킴벌리-클라크로 변경되었다.

⟶≫ 면이 부족해?
그럼 대체품을 만들면 되지!

1914년 제1차 세계대전이 일어나면서 세상은 아수라장이 되었다. 제1차 세계대전은 특히 참호전으로 악명 높은데, 참호전이란 기관총을 난사하는 상대편 참호를 향해 대규모 병력들이 돌격하는 전투 방식이다. 이 때문에 수많은 부상자가 발생하여 붕대, 솜, 거즈 등 치료에 필요한 의료용품도 턱없이 부족했다. 이 말을 뒤집으면 어떤 기업이든 면 소재의 대체품 개발에 성공하면 엄청난 수익을 얻을 수 있다는 의미였다. 제지 사업을 하던 킴벌리-클라크 역시 면 소재 대체품 개발에 도전했고, 1917년 소량의 솜과 나무의 펄프 섬유소를 이용하여 셀루코튼Cellucotton이라는 소재 개발에 성공했다.

셀루코튼

전쟁 중 방독 마스크로 사용된 셀루코튼

셀루코튼은 흡수력이 면보다 5배나 높지만 가격은 더 저렴하며, 대량 생산이 가능하다는 장점이 있었다. 이 신소재는 일회용이라 면보다 위생 면에서 우수했고 무엇보다도 편리했기 때문에 전쟁터에서 환영을 받았다. 심지어 셀루코튼은 의료용품뿐만 아니라 방독면 필터로도 활용되며 제1차 세계대전 동안 엄청난 양이 쓰였다. 하지만 전쟁이 끝나고 다친 사람이 줄어들자 셀루코튼은 갈 길을 잃어버렸다. 문제는 이미 생산된 셀루코튼의 재고가 엄청나게 많다는 것이었다. 기껏 개발한 신소재를 그냥 사장시키기도 아까웠다. 이에 킴벌리-클라크는 셀루코튼으로 어떤 제품을 만들 수 있을지 고민하기 시작했다.

─» 처치 곤란 재고품의 이유 있는 변신

킴벌리-클라크는 위생과 편리를 내세운 민간사업을 모색하던 중 제1차 세계대전에 참전한 여성 간호사들이 셀루코튼을 생리대로 사용했다는 사실을 떠올렸다. 곧바로 셀루코튼을 가공한 여성용 생리대를 출시했는데, 바로 최초의 일회용 생리대 코텍스KOTEX다. 이 제품은 여성 잡지 〈굿 하우스 키핑Good Housekeeping〉과 〈레이디즈 홈 저널Ladies' Home Journal〉를 비롯해 여러 신문에 광고되었다. 여성들은 이 제품의 편리함에 즉시 열광했다. 코텍스는

코텍스 광고 포스터

현재도 전 세계에서 판매되는 장수 제품이다.

당시 여성들은 화장 지우기에 손수건을 사용했는데, 킴벌리-클라크는 빨아 써야 하는 손수건을 대체할 만한 일회용 손수건이 존재한다면 분명 잘 팔리리라 생각했다. 이에 셀루코튼을 종잇장처럼 아주 얇게 만든 제품이 개발되었다. 제품의 이름을 고민하던 킴벌리-클라크는 최초의 민간 제품인 코텍스KotEX의 'K'와 'EX'에 더해 닦는다는 뜻의 클렌징cLEANsing에서 'LEAN'을 가져온 뒤, A를 E로 바꾼 단어를 만들었다. 그렇게 1924년 크리넥스KLEENEX 일회용 손수건이 출시됐다. 크리넥스 일회용 손수건은 얼굴에 사용하라는 기획 의도 때문에 페이셜 티슈Facial Tissue라고도 불렸다.

크리넥스 티슈 상자 광고 포스터

초기 타깃이 중산층 여성이었기에 할리우드와 브로드웨이 스타들을 기용해 화장 지우는 광고까지 하며 적극적으로 마케팅했다. 하지만 크리넥스 일회용 손수건은 생각보다 인기를 얻지 못했다. 손수건을 빨아 쓰는 것에 익숙했던 여성들이 일회용 손수건을 낯설어했기 때문이다.

그래도 일부 고객들이 크리넥스 일회용 손수건의 사용 후기를 편지로 보내왔다. 그중에는 코를 풀기 위해 사용한다는 내용이 많았는데 여기에 흥미를 느낀 킴벌리-클라크는 1926년 신문으로 설문조사를 진행했다. 크리넥스 일회용 손수건을 화장 지우기에 더 많이 사용하는지, 코 풀기에 더 많이 사용하는지 말이다. 응답자의 60% 이상이 코를 풀기 위해 사용한다고 답했다. 40%는 냅킨이나 화장지용으로 사용한다고 답변했다. 킴벌리-클라크는 제품을 좀 더 편리하게 만들기 위한 연구 끝에 1928년 한 장씩 뽑아 쓰는 크리넥스 티슈 상자를 출시했다. 이 덕분에 지금도 코를 풀 때 손쉽게 티슈를 뽑아 쓸 수 있게 되었다.

주머니 속에 감기를 넣고 다니지 마시오!

1933년 킴벌리-클라크가 크리넥스의 마케팅을 위해 선보인 슬로건이다. 당시 사람들은 코 푼 손수건을 다시 주머니 속에 넣고 다니다 콧물이 나면 또다시 그 손수건으로 코를 풀곤 했다. 비말로 옮겨지는 감기 바이러스가 묻은 손수건을 그냥 사용한 것이다. 크리넥스 티슈의 새로운 슬로건이 광고된 이후 사람들은 크리넥스 일회용 티슈에 관심을 가지기 시작했다. 이때부터 판매량이 급증한 크리넥스 티슈는 오늘날 일회용 티슈의 대명사로 등극했다.

015

Zippo

지포 1932년

뚜껑 소리부터 남다른 라이터

방풍 라이터는 뚜껑 여는 소리만 들어도 지포라이터인지 아닌지 알 수 있다. 지포라이터의 뚜껑 열 때 나는 '딸깍' 소리가 2018년 공식적으로 소리 상표권을 획득하면서 세상에서 가장 잘 알려진 소리 중 하나로 인정받았기 때문이다. 소리부터 남다른 지포라이터가 개발된 이유는 그저 폼 나게 라이터를 사용하기 위해서였다.

"불 잘 붙고
멋있는 라이터는 없을까?"

—» **세상에 괜찮은 라이터가 없네?**
그럼 내가 만들지, 뭐!

미국 펜실베이니아의 작은 마을 브래드포드에는 조지 그
랜트 브레이스델^{George G. Blaisdell}(1895~1978)이라는 사업가가 살고
있었다. 1932년 어느 날 조지는 친구 딕 드레서와 함께 마을의 펜
힐 컨트리클럽에서 열린 디너 댄스파티에 참석했다. 한참 동안 춤
과 정치 이야기에 빠져 있던 조지는 담배를 피우기 위해 잠시 테
라스로 나갔다. 그리고 그곳에 먼저 나와 있던 친구 딕의 모습을
보고 크게 웃음을 터뜨리고 말았다. 턱시도를 멋지게 차려입은 딕
이 엄청나게 큰 오스트리아산 황동 라이터를 사용하기 위해 안간

힘을 쓰고 있었기 때문이다.

오스트리아의 발명가 칼 아우어 폰 벨스바흐가 개발한 딕의 라이터는 부싯돌 방식의 가연성 가스라이터였다. 뚜껑을 위로 열어 분리하는 구조로 심지 부분에 작은 굴뚝이 있어 바람 속에서도 화염을 유지했다. 하지만 너무 커서 불붙이려면 두 손을 모두 사용해야 했고 얇은 금속 소재라서 쉽게 찌그러지기까지 했다.

딕이 거대한 라이터의 뚜껑을 열고 두 손으로 힘겹게 라이터 불을 붙이고 있는 모습이 조지에게 우스꽝스럽게 보인 것이다. 조지는 딕에게 다가가서 이렇게 이야기했다.

"친구! 그렇게 완벽하게 차려입었는데! 괜찮은 라이터 하나 장만하지 그래?"

그러자 딕은 이렇게 답했다.

"이 라이터 쓸 만해!"

오스트리아산 황동 라이터는 비록 생김새가 투박하고 두 손을 써야 한다는 불편함이 있지만, 야외에서 불이 잘 붙었기 때문이다.

그런 딕의 모습을 본 조지는 작동도 잘하고 가벼우면서 예쁘기까지 한 라이터가 있다면 불티나게 팔릴 것이라 생각했다. 이에 조지는 오스트리아 라이터 제조업체로부터 독점 수입권을 따냈다. 기존의 라이터를 조금만 편리하게 개선한 다음 판매할 생각이

조지 그랜트 브레이스델

었다. 처음에는 계획대로 라이터 뚜껑에 크롬 도금을 하는 등 라이터에 멋을 내기 위해 여러 가지 시도를 했다. 그러던 중 조지는 기존 라이터는 결함이 많아 자신이 만족하는 라이터를 만들 수 없다는 것을 깨달았다.

결국 새로운 라이터를 직접 개발하기로 하고 1932년 보이스톤에 위치한 건물의 2층 구석에 회사를 설립했다. 3명의 직원을 고용한 다음 펀치 프레스, 용접기 등 중고 장비까지 구입하여 본격적으로 라이터 개발에 착수했다.

⟶⟫ 지포의
어원은 지퍼?

조지의 첫 번째 목표는 손바닥 안에 들어갈 만큼 라이터 크기를 줄이는 것이었다. 황동을 주재료로 한 새 라이터는 뚜껑을 연 뒤에도 한 손으로 사용할 수 있도록 라이터 몸통과 뚜껑을 경첩으로 이어 붙였다. 거센 바람에도 불길이 잘 버틸 수 있도록 오스트리아 라이터의 굴뚝 디자인은 그대로 도입했다. 새로운 라이터에는 조지가 평소 좋아하던 지퍼Zipper라는 단어의 발음을 수정해 지포ZIPPO라는 이름을 붙였다. 라이터 회사의 이름도 자연스레 지포 매뉴팩처링 컴퍼니Zippo Manufacturing Company로 지어졌다. 그렇게 조지가 처음 개발한 지포라이터 1932가 세상에 공개됐다.

1.95달러에 판매되던 1932는 경첩 부분이 약하다는 단점이 있었다. 이에 조지는 고장나면 무조건 평생 수리해주는 서비스를 제공했지만, 초기 지포라이터는 조지의 기대만큼 판매량이 많지 않았다. 처음 한 달 동안 82대, 첫해 동안 총 1,100개밖에 생산하지 못했다.

조지는 좌절하거나 절망하지 않고 지포라이터의 디자인을 조금씩 계속 수정하고 보완해나갔다. 그렇게 1934년 지포 1935가 출시됐다. 1932보다 크기가 4분의 1인치 작았으며, 대각선 모서리 부분에 각각 두 줄의 라인이 그어진 디자인이었다. 이후 1936년에

광고용으로 쓰이는 지포라이터

는 이전까지는 바깥쪽에 부착되던 경첩을 안쪽으로 넣어 지포라이터의 디자인은 더욱 깔끔해졌다. 같은 해 조지는 지포라이터에 대한 특허도 받았다.

──》 제품이 마케팅 수단으로 거듭난 순간

지포라이터가 출시될 당시 당구장이나 제과점, 담배 가게 등에서 펀치보드라는 것이 유행했다. 펀치보드란 우리나라에서도 유행한 종이 뽑기를 가리키는 것으로, 이 게임이 미국에서 불법화되던 1940년까지 무려 30만 개의 지포라이터가 펀치보드

게임의 경품으로 판매되었다.

또 지포라이터는 조지가 생각지 못한 용도로도 활용되었다. 1936년 브레드포드의 정유 회사 켄달 오일이 광고 목적으로 자사 로고가 부착된 지포라이터 500개를 주문한 것이다. 지포라이터는 몸통이 매끈해서 문구를 각인하기 쉬웠다. 또 한 번 소지하면 오랫동안 사용하며 어디든지 들고 다닌다는 라이터의 특성상 걸어 다니는 광고판 역할을 할 수 있었다. 이후 지포 매뉴팩처링 컴퍼니는 라이터의 몸통 부분에 본격적으로 기업들의 광고를 싣기 시작했다.

더불어 개인용으로도 군대, 동물, 스포츠 등 다양한 테마로 디자인해 마니아들의 소장 욕구를 자극했다. 이 덕분에 지포 매뉴팩처링 컴퍼니의 매출은 점점 올랐다. 당시 회사가 입주해 있던 리커슨 앤 프라이드 건물의 2층 전체를 사용하게 될 정도로 말이다.

——» 전쟁이 가져다준
지포라이터 신드롬

1941년 일본의 진주만 폭격으로 인해 미국이 제2차 세계대전에 참전하면서, 지포 매뉴팩처링 컴퍼니도 전시 체제에 돌입했다. 일반 상품은 생산을 중단하고 군사용 지포라이터만 생산했다.

전쟁으로 인해 전반적으로 재료가 부족했기 때문에 원래 사용하던 황동 대신 등급이 낮은 강철로 라이터를 만들어야 했다. 당연히 크롬이나 니켈 도금도 할 수 없어 검은색 페인트로 칠한 뒤 열처리를 해 표면에 균열감이 생기도록 마감했다. 이때 만들어진 지포라이터는 번쩍번쩍하는 특유의 빛깔을 잃어버렸지만 빛 반사로 적에게 노출될 걱정이 없었으므로 전쟁용으로는 오히려 제격이었다.

조지는 군인들이 값싸게 지포라이터를 구입할 수 있도록 하나에 1달러라는 아주 낮은 가격을 책정했다. 이 착한 가격 정책으로 인해 지포라이터는 '가장 저렴한 라이터'란 타이틀을 받았다. 지포라이터는 비가 오나 눈이 오나 바람이 부나 상관없이 제2차 세계대전 동안 군인들에게 불을 만들어주었다.

퓰리처상을 수상한 저명한 종군 기자 어니 파일은 지포라이터에 대한 병사들의 애착을 이른바 '지포 신드롬Zippo Syndrome'이라 표현했고, 조지에게는 미스터 지포Mr. Zippo라는 별명을 지어주었다. 이 신드롬을 타고 지포라이터는 제2차 세계대전 중 군사용품으로만 생산되었음에도 불구하고 1945년 생산량이 무려 300만 개에 이르렀다.

미국이 베트남 전쟁에 참전했을 때도 지포라이터는 다양하게 사용되었다. 군인들은 지포라이터를 불을 붙이는 데만 사용한 것

베트남 전쟁 후 수집품이 된 지포라이터

이 아니라 매끈한 몸통은 거울로 사용했고, 지포라이터 바닥에 있는 구멍에는 비상시 염분을 보충할 수 있게끔 소금을 넣어 보관하기도 했다. 또 군인들 사이에서 전쟁 중 자신의 심정을 라이터에 각인하는 것이 유행했고, 전쟁사가 고스란히 담긴 이 지포라이터들은 종전 이후 수집가들이 아주 좋아하는 수집품이 되었다.

전쟁과 지포라이터의 인연은 여기서 끝이 아니었다. 베트남 전쟁 중에 아주 기적적인 사건도 일어났다. 1965년 베트남 전쟁이 한창이던 때 미군 안드레즈 마르티네스 상사가 왼쪽 가슴에 총을 맞았는데 기적적으로 살았다. 그 이유는 왼쪽 가슴 주머니에 넣어둔 지포라이터가 총탄을 막아준 덕분이었다. 안드레즈 상사는 별다른 부상을 입지 않았고, 총탄에 맞은 라이터 역시 놀랍게도 여전히 불이 켜졌다!

이 사건은 미국의 시사 매거진 〈라이프LIFE〉에 실렸고, 지포 매뉴팩처링 컴퍼니 역시 이 일을 대대적으로 홍보했다. 이런 일화 덕분에 지포라이터는 전 세계 라이터 시장을 장악할 수 있었고, 현재까지 많은 사람의 사랑을 받고 있다.

지포는 광고도 화끈하지

전쟁이 끝난 뒤 다시 일반 지포라이터 상품을 판매하기 시작한 조지는 홍보 방법을 고민하다 거리에서 자동차를 보고 아이디어를 하나 떠올렸다. 크라이슬러 자동차를 수작업으로 개조하여 일명 지포카를 만든 것이다. 1947년 만들어진 이 차는 지포라이터처럼 뚜껑을 열고 닫을 수 있었으며, 네온 조명으로 라이터의 불을 표현했다. 이 지포카는 2년 동안 미국 전 지역을 순회했다.

016

LEGO

레고 1932년

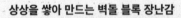

상상을 쌓아 만드는 벽돌 블록 장난감

작은 벽돌 모양의 블록에 상상력을 더하면 무엇이든 만들어낼 수 있다. 바로 장난감 레고의 이야기다. 어린이들은 이 작은 블록만 있으면 거대한 도시도, 어젯밤 꿈속에서 마주친 괴물도 뚝딱 만들어낸다. 사실 레고에 어린이뿐만 아니라 어른들까지 열광하고 있다. 그런데 이 벽돌 블록 장난감의 원조는 레고가 아니라는 사실을 아는가?

"어떤 상상도 현실로 만들 수 있는 놀라운 장난감이 등장하다."

———» 대공황에도 멈추지 않은
장난감 비즈니스

1916년 덴마크 윌란반도의 빌룬이라는 마을에는 올레 키르크 크리스티얀센Ole Kirk Christiansen(1891~1958)이란 사람이 살고 있었다. 올레는 작은 목공소와 목재 창고를 운영하는 목수로, 주로 주변 농부들에게 옷장, 창문, 문, 사다리, 의자 같은 일상용품을 만들어 팔았다. 독실한 기독교인이던 올레는 이윤을 거의 남기지 않고 교회를 짓기도 했다.

1929년 미국 뉴욕 증권시장이 대폭락하며 전 세계적으로 대공황이 시작됐다. 1930년대에 이르러 대공황은 덴마크에 있던 올레의 사업에까지 영향을 줬다. 어려워진 사람들의 주머니 사정에 따라 그럭저럭 팔리던 가구와 창문, 문짝 등의 주문이 줄어든 것이다.

상황이 계속 어려워지자 올레는 직원들을 모두 해고할 수밖에 없었다. 뒤이어 큰 힘이 되어주던 아내도 갑자기 세상을 떠났다. 그렇지만 슬퍼하고만 있을 수 없었다. 책임져야 할 아들이 4명이나 있었기 때문이다. 올레는 경제가 어려운 상황에서도 팔릴 만한 저렴한 제품이 무엇일까 고민했다. 어느 날 목공 뒤에 남은 나무 자투리들을 바라보다 문득 아이디어 하나가 떠올랐다. 장난감을 만들어보기로 한 것이다.

올레는 나무 장난감을 하나하나 정성껏 조각했다. 이런 올레의 정성에 많지는 않지만 조금씩 장난감의 주문이 들어왔다. 이 무렵 셋째 아들 고트프레드 키르크 크리스티얀센Godtfred Kirk Christiansen (1920~1995)이 아버지 곁에서 목공소 운영을 돕기 시작했다. 그러던 어느 날 한 도매상인이 올레의 목공소를 찾아왔다. 값싸고 품질 좋은 나무 장난감을 본 그는 크리스마스 장난감을 대량으로 주문했다. 올레는 이렇게나 큰 주문을 믿고 맡겨준 것에 감사하며 아주 정성껏 장난감을 만들었다. 차곡차곡 쌓여가는 장난감을 보며 올해 크리스마스는 무척 따뜻하게 보낼 수 있으리라 기대했다. 그런데 주문받은 작업이 거의 끝나갈 즈음 한 통의 편지가 도착했다.

회사가 파산해 주문한 장난감을 살 수 없다는 내용이었다.

올레는 한 푼도 받지 못했고 완성한 장난감 재고만 가득 쌓였다. 하는 수 없이 주변 상점을 직접 돌아다니며 장난감을 팔아야만 했다. 급하게 처분하느라 제값은 받지 못했지만 겨우 만들어놓은 장난감은 모두 팔 수 있었다.

크리스마스가 지나고 올레는 자신의 목공소에서 장난감이 가장 인기 있다는 사실을 알아차렸다. 점차 일거리가 많아지면서 목공소 직원도 다시 6명으로 늘어났다. 이후 올레는 장난감 제작에 매진했다.

⟶≫ 아이들에게 최고만 주겠다는 의지를 담아

올레는 장난감 제조업에 어울리는 회사 이름이 필요하다는 생각에 1934년 직원들을 대상으로 회사 이름 짓기 공모전을 열었다. 우승 상품으로 올레가 손수 만든 와인 한 병이 걸렸다. 올레역시 공모전에 참가했다. 그는 고민하고 또 고민하다가 '놀다'를 의미하는 덴마크 단어 'LEG'에서 LE, '잘'을 의미하는 덴마크 단어 'GODT'에서 GO를 합친 레고LEGO라는 이름을 떠올렸다. 아이들의 성장에 도움이 되는 품질 좋은 장난감을 만들겠다는 의지가 담긴 이름이었다. 결국 올레가 제출한 이름이 공모전에서 최종 채

레고 나무 오리 장난감

택되면서 지금의 장난감 회사 레고가 탄생했다. 그리고 공모전 상품으로 걸었던 와인은 자신이 다시 받아 갔다고 한다.

회사 이름을 바꾼 뒤 처음으로 제작된 장난감은 바퀴가 달려서 굴러갈 수 있는 오리 인형이었다. 올레는 이 오리 장난감을 특별히 좋아했는데, 창업주가 아끼는 만큼 인기가 많았다.

올레는 품질이 좋은 장난감을 만들기 위해 재료 선정부터 꼼꼼히 살폈다. 2년간 말린 뒤 3주 동안 가마에 넣고 다시 건조시킨 고급 너도밤나무 목재를 사용했다. 이렇게 준비한 목재는 하나하나 정성스럽게 깎고 나서 세 번의 바니시 코팅을 한 뒤에야 비로소 완성품으로 합격을 받을 수 있었다.

올레는 장난감에 정말 진심이었다. 더욱 좋은 장난감을 만들기 위해 덴마크 돈으로 무려 3,000크로네나 하는 독일제 밀링 머신

Milling Machine도 구입했다. 공구가 회전하며 공작물을 가공해 곡선을 부드럽게 절삭해주는 기계였다. 이 기계가 얼마나 비쌌는지 비교하자면 당시 독일에서는 집 한 채가 보통 4,000~5,000크로네 정도였다. 올레가 큰맘 먹고 투자한 이 기계 덕분에 레고는 장난감의 곡선 부분을 더욱 매끄럽게 다듬어 더욱더 안전한 장난감을 만들 수 있었다.

——》 **레고를 가지고 놀다 보면**
전쟁이 끝나 있을 거라는 바람

1939년 제2차 세계대전이 시작되었다. 당시 고트프레드는 아버지의 뒤를 잇기 위해 덴마크의 하슬레우 기술학교에서 목공을 공부하고 있었다. 그는 원래 졸업 후 독일을 여행하며 기술을 배울 예정이었지만 1940년 4월 나치 독일군에게 침공당한 덴마크가 2시간 만에 항복을 선언하는 바람에 공부를 마친 뒤 곧장 빌룬으로 돌아와 아버지를 도와야 했다.

나치 독일에 점령된 덴마크에서는 대부분의 해외 무역이 중단되었다. 그래도 그 덕분에 덴마크 장난감 시장에서 레고의 입지는 더더욱 커졌다. 덴마크가 독일에 점령당했음에도 불구하고 레고사는 큰 문제 없이 잘 운영되었다. 1942년 3월 20일 전혀 생각지 못한 문제가 발생하기 전까지 말이다.

사람들이 깊이 잠든 한밤중 갑자기 레고 장난감 공장에서 화재가 발생했다. 올레는 화재를 일찍 알아챘지만 진화하지 못했다. 공장 내부에는 불에 잘 타는 나무로 가득했기 때문이다. 끝내 장난감 공장은 완전히 잿더미가 되어버렸다. 다행히도 화재가 집까지 태워버리지는 않았다. 레고라는 회사에는 제법 투자 가치가 있었기에 덴마크의 여러 지역에서 공장을 지어주겠다고 제안했다. 올레는 고심했으나 지금껏 함께 일해온 26명의 직원과 함께 빌룬에 남아 장난감 공장을 재건하기로 결정했다. 다행히 은행으로부터 대출도 받을 수 있었다. 재건된 레고 장난감 공장은 이전보다 훨씬 더 크고 장난감 제작에 특화된 시스템을 갖추어 세워졌다. 그 결과 장난감 공장의 운영은 곧 안정되었고 직원 수도 40명까지 늘어났다.

다른 브랜드는 전쟁 때문에 큰 피해를 입거나 망하곤 했지만, 아이러니하게도 레고에게는 오히려 전쟁이 호재였다. 세상이 혼란스러운 탓에 겁먹은 아이들을 위해 부모들이 장난감을 많이 사줬기 때문이다. 덕분에 레고사의 매출은 2배로 증가했다. 그렇다고 레고의 사업이 마냥 순탄하지는 않았다. 시간이 흐르며 또 다른 문제가 생겨난 것이다.

올레는 사업 초기부터 장난감의 주재료로 품질 좋은 너도밤나무를 고집했다. 그런데 어느 순간 나무의 수급이 어려워졌다. 이

때부터 레고는 주로 사용하던 나무 대신 플라스틱을 주재료로 사용하게 되었다. 1933년 영국의 제국화학산업에 의해 처음 플라스틱이 발명되었는데 장난감 산업까지 영역이 확장된 것이었다.

──≫ **벽돌 블록 장난감의**
원조가 따로 있어?

벽돌 블록Brick 장난감은 1934년 러버 스페셜리티 컴퍼니가 처음 만들었다. 고무 재질로 만든 빌드-오-브릭Bild-O-Brik이 최초의 벽돌 블록 장난감이었다. 벽돌 블록의 종류가 많은 것은 아니었지만, 몇 가지만 가지고도 다양한 모양을 만들 수 있었다. 1935년에는 영국의 프리모 러버 컴퍼니에서 역시 고무로 만든 벽돌 블록 장난감 미니브릭MiniBrix을 출시했다. 1939년에는 미국의 장난감 회사 할삼 프로덕츠에서 나무 재질의 벽돌 블록 장난감 아메리칸 브릭스를 출시했고, 같은 해 영국의 키디크래프트Kiddicraft에서 플라스틱 재질의 벽돌 블록 장난감 브리-플랙스Bri-Plax를 출시했다. 첫 번째 플라스틱 장난감인 브리-플랙스는 비교적 큰 사이즈였다. 1946년에는 할삼 프로덕츠에서도 벽돌 블록 장난감의 재질을 플라스틱으로 바꿔 출시했다.

키디크래프트의 설립자 힐러리 피셔 페이지Hilary Fisher Page는 더 정교한 블록 장난감을 만들기 위해 연구한 끝에 1947년 자체 잠금

식 벽돌 블록 세트Self-Locking Building Bricks를 출시했다. 이 벽돌 블록 장난감은 아랫부분이 비어 있고 양쪽 끝에 홈이 있었다. 블록을 끼울 때 플라스틱이 살짝 벌어지면서 단단하게 고정되도록 만들기 위해서였다.

1946년 코펜하겐에서 열린 플라스틱 사출 성형기 시연회에 참가한 올레는 그곳에서 키디크래프트의 플라스틱 벽돌 블록 장난감을 보았다. 올레는 이 장난감에 깊은 감명을 받아 키디크래프트의 샘플을 하나 챙겼다. 그리고 이어서 덴마크 최초로 장난감 제조용 플라스틱 사출 성형기를 구입했다. 과거에 구입한 밀링 머신보다 무려 10배나 비싼 3만 크로네였지만 미래를 위해 두 번

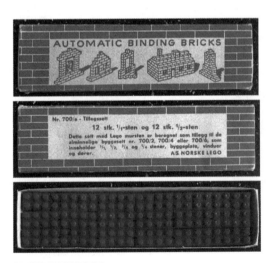

자동 결합 벽돌 블록 장난감

생각하지 않고 아낌없이 투자했다.

키디크래프트와 비슷한 벽돌 블록 제품을 만들기 위해 열심히 연구했다. 1949년 올레는 자동 결합 벽돌 블록Automatic Binding Brick 이란 제품을 출시한다. 레고 최초의 벽돌 블록 장난감은 이름만 다를 뿐 디자인부터 사이즈까지 키디크래프트의 제품과 거의 똑같았다. 색상은 흰색, 빨간색, 노란색, 초록색 네 가지로 제작되었다. 올레는 이 플라스틱 벽돌 블록 장난감이 인기가 많을 거라 예상했으나 기대와 달리 거의 팔리지 않았다. 재고만 쌓이자 아들인 고트프레드는 다시 나무 장난감을 만들어야 한다고까지 주장했다.

──≫ 레고만의 벽돌 블록 장난감으로
전 세계 아이들을 사로잡다

1951년 플라스틱 사출 성형기로 만든 퍼거슨 트랙터 Ferguson Tractor 장난감이 출시되었다. 퍼거슨 트랙터는 순식간에 레고에서 가장 인기 있는 제품이 되면서 플라스틱 장난감도 잘 팔릴 수 있다는 가능성을 보여준다. 하지만 여전히 벽돌 블록 장난감의 매출은 지지부진했다. 올레는 포기하지 않고 퍼거슨 트랙터로 벌어들인 수익을 레고 벽돌 블록 장난감의 품질 향상을 위해 투자했다. 그렇게 새로운 문, 창문 등 다양한 건물 재료가 만들어지면서 레고 벽돌 블록 장난감의 매출은 조금씩 올랐다.

1950년 고트프레드는 30살의 나이로 레고의 주니어 부사장으로 임명된다. 그는 1954년의 어느 날 한 판매 담당자와 장난감에 대한 이야기를 나누었다. 판매 담당자는 기존의 장난감에는 왜 시스템이 없는지 불평했다. 이 대화 이후 고트프레드의 머릿속에는 '시스템'이란 단어가 계속 맴돌았다.

고트프레드는 레고의 전 제품을 꼼꼼히 살펴봤다. 그 결과 많은 장난감 중에 자신이 내내 부정적으로 평가하던 벽돌 블록 장난감만이 시스템을 만들어낼 수 있다는 사실을 깨달았다. 고트프레드는 아이들이 레고 벽돌 블록을 가지고 저마다 무한한 상상의 나래를 펼칠 수 있도록 8대의 차가 포함된 레고 벽돌 블록 도시 세트 LEGO System in Play를 출시했다. 이 장난감에는 횡단보도, 도로 표지판 등의 교통 신호가 포함되어 있어서 아이들의 교통 체계 공부에 큰 도움을 주었다.

상상하는 것은 무엇이든 만들어낼 수 있다는 벽돌 블록 장난감의 잠재력 덕분에 레고의 수익은 급증했으나, 치명적인 문제가 하나 있었다. 이때까지 레고의 벽돌 블록 장난감은 쌓아 올릴 수는 있어도, 튼튼하게 고정되지가 않아 쉽게 무너져버린다는 단점이 있었던 것이다. 고트프레드는 이 문제 해결을 위해 깊은 고민에 빠졌다.

2년에 걸친 연구 끝에 1958년 벽돌 블록을 튼튼하게 결합할 수 있는 신기술을 고안해냈다. 바로 새로운 돌기와 튜브였다. 비어 있던 벽돌 블록의 하부에 원통 모양의 튜브를 장착하자 돌기들은 아주 튼튼하게 결합되었다. 이 덕분에 아이들은 더 이상 무너질까 불안해하지 않고 무엇이든 만들 수 있었다. 고트프레드는 이 아이디어를 경쟁사에 빼앗기지 않기 위해 특허를 받았고 수많은 벽돌 블록 장난감들 사이에서 살아남을 수 있었다. 이후 고트프레드가 회장의 자리에 오르면서 레고는 목재 장난감 사업을 완전히 정리하고 지금까지도 플라스틱 벽돌 블록 장난감 사업에 집중하고 있다.

세상에서 가장 영향력이 큰 장난감 브랜드

머릿속에 '장난감'의 '장' 자도 존재하지 않던 목수 올레의 목공소는 2017년 세계 500대 브랜드 보고서의 '세계에서 가장 영향력이 큰 브랜드' 1위로 꼽힐 만큼 거대한 장난감 제국으로 성장했다. 레고를 이렇게 키운 것은 조그마한 블록으로 무엇이든 만들 수 있는 벽돌 블록 장난감이다. 그런데 이 장난감이 키디크래프트의 벽돌 블록 장난감을 표절했다는 사실을 아는 사람은 아마 많지 않을 것이다. 키디크래프트의 창업주인 힐러리 페이지의 가족들에 따르면 당시 힐러리는 이 사실을 몰랐다고 한다. 이 문제는 1981년 레고가 키디크래프트로부터 벽돌 블록 장난감의 모든 권리를 구입하면서 다행히 현재는 모두 해결되었다.

017

MONOPOLY

모노폴리 1933년

독점 규제를 가르치기 위해 태어난 독점 게임

어릴 적 모두가 한 번쯤은 해봤을 모노폴리 보드게임. 땅을 사서 건물을 짓고 상대 플레이어에게서 임대료를 받아 내 재산을 늘리면서, 상대를 파산시키면 끝나는 단순한 규칙으로 많은 사랑을 받았다. 하지만 원조 모노폴리 게임이 한 경제학자의 주장을 효율적으로 알리고자 고안되었다는 사실을 몇 사람이나 알고 있을까?

"쉽고 재미있는 경제 공부? 이거 하나면 끝이지."

───» **토지세 이론을
쉽게 설명하는 방법**

1850년대 후반 당시 공화당 대통령 후보 링컨은 미국 곳곳을 돌아다니며 정치 토론을 했다. 이때 링컨의 동행 중에 공화당 소속의 노예 제도 폐지론자이자 조지스트^{Georgist}인 제임스 매기라는 인물이 있었다. 조지스트란《진보와 빈곤》이란 책을 쓴 미국의 개혁가 헨리 조지의 영향을 받은 사람들을 가리킨다. 헨리 조지는 토지 사유제가 노예제도 못지않은 사회악이라고 주장한 인물이었다. 이 같은 사상이 발전해 '모든 사람은 토지에 대한 평등한 권리를 가지고 있다'는 조지주의 혹은 지공주의라 불리는 경제 철학이 만들어졌는데, 지공주의는 토지의 개인적 소유권은 인정하지만 이용은 공공복리에 적합하도록 하자는 것이다. 토지 시장이 제대로 작동하지 못할 경우 정부가 개입해야 한다는 토지공개념의 뿌리가 되는 개념이기도 하다.

제임스는 1882년 《일리노이의 정치와 정치인에 대한 평범한 이야기》를 출간하며 불평등에 대해 이야기하기도 했다. 특히 백만장자의 악랄함과 무지함에 대해 비판했으며, 이러한 제임스의 가치관은 자연스럽게 딸 엘리자베스 매기Elizabeth Magie(1866~1948)에게도 영향을 미쳤다. 젊은 시절의 엘리자베스가 특별히 정치 활동을 한 건 아니었다. 다만 아버지와 마찬가지로 헨리 조지의 지공주의에 큰 관심을 가지고 있었다. 헨리 조지는 《진보와 빈곤》에서 단일 토지세의 필요성을 주장하며 이렇게 말했다.

"1%의 인구가 99%의 토지를 쥐고 있기 때문에 1%가 소유한 토지에 대한 지가 상승분을 세금으로 매기면 국가의 운영은 물론 99%에게 복지를 제공할 수 있다."

엘리자베스는 헨리의 단일 토지세 이론을 가까운 지인들에게 알리고 싶었다. 어떻게 하면 지루한 토지세 이론을 쉽고 효과적으로 가르칠 수 있을까 고민하다가 보드게임이 떠올랐다. 토지와 자본을 주제로 보드게임을 만든다면 게임을 하면서 자연스럽게 단일 토지세의 필요성을 깨닫지 않을까 생각한 것이다.

1902년 엘리자베스는 보드게임을 본격적으로 설계하기 시작했다. 그녀는 우선 사각형의 판 위에 가장자리를 따라 총 40개의 칸을 그렸다. 그중 22칸은 토지를, 각 변의 가운데 부분에는 철도를 배치했으며 그 밖의 칸은 필수품·사치품·프랜차이즈·공원·감옥 등 자본이 오갈 만한 다양한 요소로 구성했다. 플레이어는 게임 시작 전 각각 기초 자금을 받고, 턴 방식으로 돌아가며 주사위를 굴렸다. 나온 주사위 수만큼 말을 이동했고 말이 도착한 칸의 지시에 따라야 했다. 만약 이미 소유자가 있는 토지 칸에 걸리면 임대료를 지불하면서 최종적으로 많은 자본을 얻은 플레이어가 승리하는 게임이었다.

⟶≫ 모두를 위한
경제 보드게임을 찾아

1903년 3월 엘리자베스는 최초의 부동산 지주 보드게임인 랜드로드 게임The Landlord's Game을 완성하고, 1904년에는 이 게임에 대한 특허도 얻었다. 이후 단일 토지세에 대한 교육적인 요소를 강화하기 위해 추가 규칙까지 더하며 두 가지 버전으로 게임을 발전시켰다. 첫 번째 버전은 최초의 게임과 마찬가지로 자본을 독점하여 승자가 되는 것이었다. 두 번째 버전에는 플레이어가 토지를 소유할 수 있지만, 임대료는 공공 재무부에 지불하도록 했다.

대신 본인의 토지에 집을 짓는 등의 개발이 가능하며 집에 대한 임대료는 소유자가 얻을 수 있다는 점에서 지공주의적인 요소가 가미된 버전이었다. 토지 임대료로 모인 공공 재무부의 현금은 공공의 이익을 위해 사용하도록 만들었다. 엘리자베스는 사람들이 독점 게임과 반독점 게임을 직접 체험하면서 자연스럽게 독과점의 문제를 인식하리라 생각했다.

1906년 엘리자베스는 뉴욕에 위치한 이코노믹 게임이라는 회사를 통해서 업그레이드된 랜드로드 게임을 출시했다. 하지만 교육적이고 복잡한 규칙 때문에 대중적인 인기는 얻지 못했다. 그나마 랜드로드 게임은 퀘이커 공동체라는 종교 단체와 미국 서부의

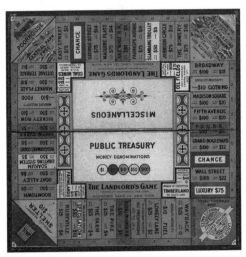

엘리자베스의 랜드로드 게임

대학교들 중심으로 플레이되었다. 펜실베이니아 대학교 경영대학원 교수도 독과점의 폐해를 설명하기 위해 강의 시간에 이 게임을 활용했다고 한다.

——» 공부는 몰라도
게임이 재미없을 순 없지!

1929년 10월 29일 시작된 대공황 때문에 펜실베이니아주 저먼타운에 살던 찰스 대로우Charles Darrow(1889~1967)라는 남자가 실직했다. 히터 판매 직원이던 그는 일자리를 잃고 경제적으로 어려움을 겪고 있었다. 1932년까지 상황은 나아지지 않았다. 그러던 어느 날 찰스는 아내와 함께 지인의 저녁 식사에 초대받았다. 식사가 끝나자 집주인은 대로우 부부에게 모노폴리 게임을 소개했다. 애틀랜틱시티의 퀘이커 교도이던 집주인이 퀘이커 공동체에서 랜드로드 게임을 업그레이드해 만든 모노폴리 게임을 대로우 부부에게 알려준 것이었다.

그날 저녁 신나게 게임을 즐긴 찰스는 이 게임에 완전히 매료되어 집주인에게 게임 설명서까지 받아왔다. 찰스는 대공황 때문에 대부분의 사람이 경제적으로 어려운 상황에서 잠시나마 일약 부자가 되어 대리 만족을 느낄 수 있는 이 획기적인 보드게임이 대중에게 사랑받으리라 생각했다. 실직으로 무기력했던 찰스도 게임을 개발하며 일상에 활력을 되찾기 시작했다. 찰스는 훗날 게임 개발 회사들에 이런 내용의 편지를 썼다.

"당시 나는 실업자였고 내 시간을 채우기 위해 무엇이든 절실하게 필요했습니다. 그렇기 때문에 스스로를 즐겁게 만들기 위해 아주 조잡한 게임을 만들었습니다."

찰스는 아내와 아들의 도움을 받아 모노폴리 게임을 개발했다. 대로우 가족은 기존의 사각형 종이판 대신 당시 값싸고 쉽게 구할 수 있던 둥근 식탁보에 손수 그림을 그려 모노폴리 게임을 제작했다.

찰스는 모노폴리 게임에 대한 저작권을 얻고 1933년 미국 북동부 소매점에서 판매하기 시작했다. 1934년 봄에는 디자이너까지 고용해 디자인적인 부분을 리뉴얼한다. 이때 게임판을 사각형으로 디자인하고 아이콘도 만들며 모노폴리를 상품화할 수 있게끔 재단장한다.

모노폴리 게임의 가능성을 확신한 찰스는 이미 '인생게임The Game of Life'으로 큰 성공을 거둔 미국의 보드게임 전문 회사 밀턴 브래들리를 찾아갔다. 모노폴리 게임을 자신이 발명한 것이라 소개하며 판매할 생각이었다. 하지만 그곳에서 철저히 거절당했다.

이대로 포기할 수 없던 찰스는 완구 및 게임 회사로 유명한 파커 브라더스Parker Brothers에도 모노폴리 게임을 보냈다. 이때 파커 브라더스는 '규칙이 너무 복잡하다, 플레이 시간이 너무 길다, 승자에게 명확한 목표가 없어 보인다' 등 52가지 게임 오류가 존재한다는 이유로 찰스의 요청을 거절했다.

대형 보드게임 회사 두 곳으로부터 퇴짜 당했지만, 찰스는 게임의 가능성을 믿고 모험해보기로 결정했다. 인쇄 일을 하던 친구를 고용해 모노폴리를 5,000부나 찍은 것이었다. 대량으로 찍어낸 모노폴리 게임은 파오 슈와츠라는 유명 장난감 가게에서 판매했다. 당시 파커 브라더스의 사장이던 로버트 바튼의 딸이 우연히 이 모노폴리 게임을 구입했다가, 하면 할수록 게임의 재미에 푹 빠져들었다. 바튼의 딸은 엄마에게 모노폴리가 얼마나 재미있는지 알렸고 이 이야기는 다시 로버트에게 전달되었다. 딸이 모노폴리에 열광하자 관심이 생긴 파커는 게임의 규칙을 조금 더 간단하게 개선하는 계약 조건으로 찰스와 로열티 계약을 맺었다.

찰스가 모노폴리를 자신의 발명품이라 소개하고 다녔기 때문에 파커 브라더스는 랜드로드 게임의 개발자 엘리자베스 매기에 대해 전혀 모르고 있었다. 다행히 모노폴리를 출시하기 전 단계에서 엘리자베스의 존재를 알게 된 파커 브라더스는 500달러에 엘리자베스가 특허를 얻은 두 게임의 저작권을 완전히 구입했다. 당시 1달러의 가치가 우리 돈으로 5만 원 정도였기 때문에 2,500만 원 정도에 저작권을 구입한 셈이다.

1935년 11월 5일 파커 브라더스는 모노폴리를 정식으로 출시했다. 모노폴리는 정식 출시되자마자 말 그대로 완전 초대박이 났다. 출시 첫해에 27만 8,000장, 그다음 해에 175만 장이라는 어마어마한 판매량을 기록했다. 그 덕분에 파커 브라더스와 로열티 계약을 맺은 찰스는 '보드게임으로 백만장자가 된 세계 최초의 인물'이라는 타이틀을 얻을 수 있었다.

──》 탈출에는
역시 모노폴리

파커 브라더스는 모노폴리를 미국뿐 아니라 영국으로 보내 자체적으로 계속 발전시켰다. 그러다 1939년 제2차 세계대전이 일어났다. 전쟁 기간 동안 많은 연합군 병사가 독일 포로수용소에 갇히게 되었다. 다행히 포로가 된 연합군 병사들은 '전투 행위에 참여하지 않은 자를 보호해야 한다'는 제네바 협약에 의해 자선 단체로부터 구호 물품이나 여가 용품을 전달받을 수 있었다. 모노폴리 게임도 이런 지원 물품 중 하나였다. 모노폴리는 포로수용소 안에서 연합군 병사들의 최고의 장난감이었다.

사실 연합군에게 제공된 모노폴리 게임에는 비밀이 하나 숨어 있었다. 영국의 비밀 부서 MI9는 쉽게 젖거나 찢어지지 않도록 실크로 만든 탈출 지도와 톱, 나침반 같은 도구들을 모노폴리 게임

안에 담아서 보냈다. 게임 머니도 사실은 실제 돈이었다. 이 특수 모노폴리 게임 덕에 포로수용소를 탈출한 사람의 수는 최대 3만 5,000명에 이를 것으로 추정되며, 전쟁이 끝날 때까지 나치 독일군은 특수 모노폴리의 존재에 대해 눈치채지 못했다고 한다. '모노폴리 탈출 작전'은 1980년대 후반 영국이 이 사실을 공개하면서 세상에 알려졌다.

AND SO ON

변질된 독점 게임

엘리자베스는 파커 브라더스에게 게임 저작권을 판매할 때만 해도 무척 설레었다고 한다. 자신이 개발한 게임이 대중에게 많은 사랑을 받으면 이 게임의 기획 의도인 토지 독점 문제 또한 널리 알릴 수 있으리라 생각했기 때문이다. 하지만 파커 브라더스는 극적인 요소 때문에 상대방을 파산시키는 것이 목적인 게임으로 방향성을 완전히 변경하여 출시했다. 이에 실망한 엘리자베스는 한 신문 인터뷰에서 "모노폴리를 하고 있는 수백만 명의 미국인이 처음 랜드로드 게임의 기획 의도인 단일 토지세에 대해서는 전혀 모르고 있다"라며 한탄했다고 한다.

018

POLAROID

폴라로이드 1937년

찍은 사진을 바로 확인할 수 있는 마법 카메라

사진을 찍은 즉시 인화되는 사진기. 즉석카메라라고도 불리지만 많은 사람이 '폴라로이드' 카메라라고도 부른다. 국내에서는 이 즉석카메라 시장에 후지 필름 인스탁스가 지분율이 높기 때문에 폴라로이드가 그저 기계의 이름이라고 생각하기 쉽지만, 사실이 즉석카메라를 최초로 개발한 회사가 바로 폴라로이드이다.

"찍으면 바로 인화되는
카메라가 등장하다."

⟶⟫ **빛에 사로잡힌
소년의 아이디어**

디지털카메라 시대를 사는 오늘날 우리는 촬영 즉시 촬영본을 확인할 수 있다. 하지만 처음 필름카메라가 개발된 이후 상당히 오랫동안 현상된 사진 확인까지 수일이 소요됐다. 1909년 5월 미국 코네티컷주 브리지포트에서 태어난 에드윈 허버트 랜드 Edwin Herbert Land(1909~1991)가 촬영 후 1분 만에 출력되는 즉석사진을 개발하기 전까지 말이다.

어려서부터 기계, 전기 등에 관심이 많던 아이였던 에드윈은 6살 때 집에 있던 퓨즈를 모두 끊어놓았으며 만텔 시계와 새로 산

축음기 등 온갖 가전제품을 분해했다. 새로 산 축음기를 분해하다 아버지에게 혼났을 때도 에드윈은 '그 누구도 나의 실험을 막을 수 없어'라고 생각했다고 한다.

그러던 어느 날 빛이라는 존재가 에드윈의 모든 관심을 앗아갔다. 19세기 영국의 광학자 데이비드 브루스터가 연구한 만화경과 입체환등기에 홀딱 빠진 그는 중·고등학교 시절에는 존스 홉킨스 대학교 물리학 교수 로버트 윌리엄 우드가 쓴 물리광학을 열심히 읽으며 공부했다. 13살 되던 해 여름캠프에 참여한 에드윈은 인솔자가 빙주석으로 촛불 끄는 모습을 목격하고, 빙주석에 비친 불빛에 큰 감명을 받았다. 또한 캠프에서 오밤중에 어떤 자동차의 운전자가 반대편에서 달려오는 자동차의 눈부신 헤드라이트 때문에 충돌 사고가 날 뻔한 일도 목격했다. 빛이 난해하게 반사와 굴절을 거듭해 일어난 일이었다. 에드윈은 캠프에서 겪은 두 사건으로 편광현상을 집중적으로 연구해보기로 결심했다. 편광현상은 난해하게 반사와 굴절을 거듭하는 자연광을 한 방향으로만 투과시키는 것을 말한다.

⟶⟫ 그냥 하고 싶은 일을 했더니 권위자가 되었어요

에드윈은 1926년 하버드 대학교 물리학과에 입학했지만,

1학년 때부터 교육과정에 제대로 참여하지 않았다. 편광현상 연구에 몰두해 있어 교양과목을 공부하는 시간이 아까웠기 때문이다. 결국 가을학기 이후 휴학하고 하버드가 있는 케임브리지를 떠나 대뜸 뉴욕으로 향했다. 이후 3년 동안 뉴욕의 시립도서관들에서 편광에 관련된 책을 열심히 찾아 읽었다. 밤에는 화려한 조명이 가득한 뉴욕 시내를 걸으며 빛을 관찰했다.

　화려한 뉴욕의 밤거리를 걷다 보면 에드윈을 특히 눈부시게 만드는 것이 있었다. 바로 자동차 헤드라이트였다. 이에 에드윈은 얇고 저렴한 편광판을 직접 개발하기로 마음먹었다. 편광판이란 난해하게 반사와 굴절을 반복하는 빛을 한 방향으로만 투과시키도록 하는 빛 필터다. 1929년 인공편광자에 관한 연구 성공으로 특허를 얻은 에드윈은 이를 계기로 하버드 대학교로 돌아왔다. 물

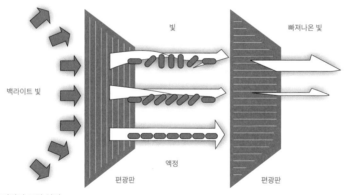

편광판 그림 설명

리학 연구소장이던 시어도어 라이먼 교수가 에드윈에게 하버드 대학교의 연구실을 하나 내준 것이다.

에드윈은 1932년 하버드 물리학 콜로키움에서 인공편광자에 대한 논문을 발표할 정도로 편광자 분야의 권위자가 되었다. 한 학기만 더 다니면 대학교도 졸업할 수 있었다. 하지만 그는 돌연 중퇴해버렸다. 하루빨리 하버드 대학교의 물리학과 강사인 조지 휠라이트George Wheelwright와 함께 인공편광자를 활용한 제품을 만들고 싶었기 때문이다. 그렇게 에드윈과 조지는 케임브리지에 각자의 성을 딴 랜드-휠라이트 연구소를 설립하고 본격적으로 인공편광자 활용 제품 개발에 들어갔다.

⟶≫ 전쟁과 함께 대박 난 회사, 종전과 함께 찾아온 위기

에드윈과 조지는 인공편광자를 활용해서 헤드라이트용 필터와 3차원 입체 영화 기술 등을 연구했다. 이들의 연구에는 자동차 회사 제너럴 모터스와 에디슨이 설립한 조명 회사 제너럴 일렉트릭, 그리고 카메라 회사 이스트만 코닥 등이 관심을 보였다. 1934년에 코닥이 제일 먼저 카메라 필터용으로 편광자를 구입했으며, 1935년에는 아메리칸 옵티컬이 선글라스용으로 편광자를 구입했다.

에드윈의 인공편광자가 여러 회사에서 활용되면서 에드윈과 조지는 제대로 사업을 펼치기 위해 1937년 폴라로이드 주식회사를 설립했다. 폴라로이드라는 이름은 편광판^{Polarizer}이라는 뜻의 영단어에서 가져왔다. 1939년경 뉴욕에서 개최된 산업박람회에서는 폴라로이드 주식회사의 기술력으로 찍은 편광효과를 활용한 입체 영화가 상영되었다. 영화는 무려 500만 명의 관람객을 기록할 만큼 큰 인기를 끌었다.

그러다 1941년 미국이 제2차 세계대전에 참전하면서 조지 휠라이트는 해군에 입대했다. 에드윈은 입대 대신 군용 차광 고글, 편광 사격 조준장치, 비행기용 차광 유리 등 전쟁에 필요한 편광 연구로 군을 지원했다. 폴라로이드 주식회사가 개발한 군용 편광 제품들은 실제로 미군에게 큰 도움이 되었다. 전쟁 동안 회사 매출 역시 크게 증가했으며 직원도 수십 명에서 수천 명으로 늘었다. 하지만 전쟁이 끝나자 군용 편광 제품의 수요가 급감했고 직원 역시 200명 정도로 줄어들었다. 폴라로이드 주식회사에 위기가 찾아온 것이다. 에드윈은 회사를 되살리기 위해 많은 고민을 했다.

──≫ **사진을 바로바로
확인할 수는 없을까?**

어느 날 에드윈은 가족과 함께 뉴멕시코주 산타페로 휴

가를 떠났다. 그곳에서 망아지를 발견한 에드윈은 3살 된 딸 제니퍼에게 보여주고 싶은 마음에 카메라로 촬영했다. 그런데 제니퍼가 망아지 사진을 바로 보고 싶다며 떼쓰기 시작했다. 당시에는 필름을 인화해야만 사진을 확인할 수 있었는데 말이다. 그럼에도 불구하고 어린 딸의 억지는 에드윈에게 큰 영감을 주었다.

'곧바로 확인할 수 있는 사진이라⋯⋯.' 에드윈은 암실 인화 과정 없이 바로 출력되는 카메라에 대한 아이디어를 떠올리고는 1944년 프로젝트 코드 SX^Special Experiment -70라는 이름의 연구를 시작했다. 3년여간의 연구 끝에 1947년 2월 21일에 열린 미국 광학협회 회의에서 폴라로이드 주식회사는 필름 인화지가 빛에 노출되면 즉석에서 현상되는 프로세스를 공개 시연하며 많은 사람을 깜짝 놀라게 했다. 당시에는 촬영 후 암실에서 인화하는 과정을 거쳐 사진으로 출력하는 데 보통 이틀이 걸렸기 때문이다.

당시 일반적으로 쓰이던 카메라에 사용되던 필름에는 감광제가 발라져 있었다. 감광제는 빛에 매우 민감하기 때문에 아주 잠간이라도 빛에 노출되면 필름이 타버린다. 찰칵! 촬영되는 아주 짧은 순간 렌즈로 들어온 빛이 감광제에 닿아 잠상이 남으면 다른 빛과 반응하지 않도록 암실에서 알칼리성의 현상액에 담가야 했다. 참고로 암실에서 붉은색 등을 사용하는 이유는 붉은빛이 감광제에 반응하지 않기 때문이다.

감광제에 함유된 할로겐화은은 알칼리성의 현상액과 반응해서 흑화은으로 변하는데, 잠상이 남은 부분일수록 더 많이 환원되어 까만 입자가 만들어지면서 가시상으로 바뀐다. 현상된 필름을 그대로 두면 계속 환원되어 필름 전체가 까맣게 타버리기 때문에 현상 반응이 더이상 일어나지 않도록 산성의 고정액에도 담가야 한다. 그렇게 완성된 필름의 빛을 투영기를 이용해 감광제가 발려진 인화지에 쏴주면 인화지의 감광제가 빛에 반응하며 마침내 사진이 인화된다. 이 과정에 보통 이틀 정도가 소요되었다. 그런데 촬영 단 90초 만에 사진이 완성되다니! 폴라로이드는 사진 기술의 혁명이었다.

1948년 11월 26일 보스턴의 조단 마쉬Jordan Marsh 백화점에서 최초의 즉석카메라 폴라로이드 랜드95 60대가 판매된다. 카메라 가

폴라로이드 랜드95

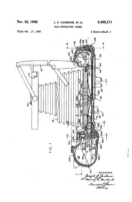

폴라로이드 랜드 95 특허 문서

격이 89.95달러였으며 필름도 1.75달러로 고가였음에도 불구하고 이 획기적인 카메라는 반나절도 안 돼서 다 팔렸다. 이후에도 랜드95는 불티나게 팔리며 500만 달러의 매출을 기록했다. 말 그대로 초대박이 난 것이다. 1960년대 후반에 이르러서는 미국 가정의 절반이 폴라로이드의 즉석카메라를 소유할 정도였다. 그렇게 '즉석카메라=폴라로이드'라는 인식이 자리잡았다.

──» 디지털카메라의 도래 이후, 새로운 길을 찾아서

1990년대 이후 디지털카메라와 함께 새로운 기술들이 등장하면서 폴라로이드는 큰 위기를 맞이했다. 사람들이 필름 값이 따로 드는 즉석카메라보다 돈 들이지 않고도 바로 확인할 수 있는 디지털카메라를 선호했기 때문이다. 그리하여 폴라로이드는 2001년과 2008년 두 번의 파산 신청을 했다. 결국 위기를 넘기지 못하고 카메라와 필름 모두 생산을 중단했다. 그렇게 폴라로이드의 즉석카메라는 역사의 뒤안길로 사라지는가 싶었다. 이때 오스트리아의 사업가이자 과학자인 플로리안 캡스Florian Kaps라는 인물이 폴라로이드 카메라 필름을 재생산하겠다고 나섰다.

당시 폴라로이드의 상표권은 보스턴의 벤처 캐피탈로 넘어간 데다 기술 보유자들이 기술 이전을 해주지 않아 폴라로이드 카메라의 필름을 재생산하기란 거의 불가능한 상황이었다. 플로리안은 포기하지 않고 임파서블 프로젝트라는 이름까지 붙이며 의지를 불태웠다. 그는 네덜란드 엔스헤데에 마지막 남은 폴라로이드 필름 공장을 인수한 뒤 18만 유로로 장비를 사들이고, 기술 담당인 안드레 보스만$^{André Bosman}$과 함께 폴라로이드 필름 제작을 위한 연구를 시작했다.

임파서블 프로젝트는 2010년 마침내 폴라로이드 필름 개발에 성공한다. 이후 지속적으로 성장하며 2017년에 폴라로이드 브랜드와 지적재산권을 모두 인수하면서 회사 이름을 폴라로이드 오리지널로 바꿨다. 그리고 2020년에 이르러서 다시 회사 이름을 폴라로이드로 변경하여 현재까지 운영 중이다.

AND SO ON

마법의 비밀은 팩필름에 숨겨져 있다

폴라로이드 카메라의 즉석필름에는 현상액과 인화액이 담긴 주머니가 함께 들어 있다. 촬영하는 순간 필름에서 감광현상이 일어나며 잠상이 남고, 이후 필름이 카메라 밖으로 나오는 과정에서 카메라 롤러가 현상액과 인화액이 담긴 주머니를 터트려 필름에 고루 퍼뜨린다. 즉석필름의 아랫부분이 넓은 이유는 롤러로 필름에 고루 퍼진 뒤 남은 현상액과 인화액이 아래로 흘러 들어가기 때문이다. 현상부터 인화까지의 과정이 모두 필름 한 장에서 이뤄지는 즉석카메라의 마법은 이렇게 일어나는 것이다.

adidas

아디다스 1949년

운동 마니아가 만든 운동화

운동을 너무 좋아했던 한 청년은 자신이 좋아하는 운동을 더 잘할 수 있게 만들어줄 마법의 신발을 꿈꾸었다. 이 청년은 세계적인 운동용품 전문 브랜드 아디다스의 창업자 아돌프 다슬러다. 가장 좋은 운동화를 운동선수들에게 제공하겠다는 아돌프의 신조는 여전히 아디다스의 브랜드 철학으로 이어지고 있다.

"스포츠 전용 운동화로
세계를 제패하다."

—»   **무에서 유를 창조한
아디다스의 창업주**

19세기 말 독일의 작은 시골 마을 헤르초겐아우라흐는
신발 제조업으로 유명했다. 주민 3,500명 중 112명이 신발을 만들
정도였다. 이들 중에는 크리스토프 다슬러라는 인물도 있었다. 크
리스토프는 독일 신발 산업의 미래가 그리 밝지 않다고 생각했
기 때문에 자녀들은 신발 공장에서 일하지 않기를 바랐다. 이런
아버지에 바람에 따라 4남매 중 막내인 아돌프 다슬러^{Adolf Dassler}
(1900~1978)는 1913년 고등학교를 마치고 제과점에서 견습공으로
일을 시작했다. 제빵에 별로 관심이 없어 제과점 견습 기간 내내

운동에만 몰두하던 아돌프는 1914년 제빵사가 되는 대신 아버지에게 신발 봉제 기술을 배우기로 마음먹었다.

평소에 운동을 좋아하던 아돌프는 스포츠에 특화된 운동화를 만들고 싶어 했다. 당시에는 러닝화, 축구화, 농구화 등 '스포츠 경기를 위한 운동화'란 개념 자체가 없었기 때문에 아돌프의 이런 아이디어는 획기적이었다. 하지만 1914년 제1차 세계대전이 터졌고 한창 전쟁 중이던 1918년 아돌프는 18살도 되지 않은 나이에 독일군에 징집되어 1년 동안 군 생활을 하게 되었다.

아돌프의 어머니는 전쟁이 가져온 경제 불황 때문에 운영하던 세탁소를 폐업해야 했다. 제대하고 집으로 돌아온 아돌프는 이 세탁소를 작업장 삼아 동네 사람들의 신발을 수선하는 일을 시작했다. 운동화를 만들고 싶지만 아무것도 가진 것이 없었던 아돌프는 마을에 흩어진 전쟁 폐기물들을 모았다. 육군 헬멧과 파우치 등에서는 가죽을, 낙하산에서는 실크를 구했다. 군복·포대 자루·자동차 타이어 등 신발 자재로 쓸 만한 것들은 모조리 쓸어 담았다. 신발 만들 때 필요한 가죽 밀링 머신도 자전거를 개조해 페달 구동식으로 직접 만들었다.

—»» **생각보다**
짧은 스포츠화의 역사

아돌프는 어렵게 제작한 신발 샘플을 지역 스포츠클럽에 보냈는데, 생각지도 못하게 꽤 좋은 평가를 받은 덕에 점차 신발 주문량이 많아졌다. 동생에 비해 가방끈이 길었던 친형 루돌프 다슬러^Rudolf Dassler^(1898~1974)는 동생의 사업에 가능성을 보았다. 1924년 7월 두 형제는 세계 스포츠 선수들에게 최고의 스포츠화를 제공하겠다는 사명을 가지고 다슬러 형제의 신발 공장^Gebrüder Dassler Schuhfabrik^이라는 회사를 설립했다.

친형제지만 두 사람은 많이 달랐다. 아돌프가 조용하고 집중력 있는 발명가라면, 루돌프는 외향적이고 카리스마 넘치는 사업가 기질을 지니고 있었다. 이에 신발 사업도 서로 재능에 맞게 업무를 나누었다. 아돌프는 신발을 개발하고, 루돌프는 영업 활동을 담당한 것이다. 사업 초기에는 12명의 직원이 하루에 50켤레의 신발을 가내수공업으로 만들었다. 가진 것 없이 시작한 사업이라 초창기에는 어려움을 겪었다. 다행히 차츰 수요가 크게 증가해 헤르초겐아우라흐 기차역 근처에 있는 공장을 인수하고 직원도 25명으로 늘릴 수 있었다.

다슬러 형제의 신발 공장 로고

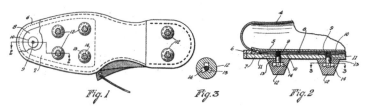

스터드가 박힌 축구화 특허 문서

사업이 안정적으로 자리잡아 가면서 아돌프는 스포츠에 특화된 신발, 즉 운동장 트랙에서 신을 수 있는 신발을 만들기 시작했다. 캥거루 가죽, 상어 가죽 등 여러 재료를 시험해보다가 소가죽으로 만든 신발 밑창에 작은 금속 조각으로 뾰족한 나사를 박아보았다. 사람들은 이 낯선 신발이 '웃기게 생겼다', '효과가 없을 것 같다'며 비웃었지만, 아돌프는 다른 사람의 말에 신경 쓰지 않고 새로운 스포츠 신발 개발에 몰두했다. 그 결과 1925년에 운동화 바닥에 스파이크가 박힌 러닝화와 신발 밑창에 징 같은 스터드Stud가 박힌 축구화로 특허를 얻었다.

1928년 아돌프가 개발한 스포츠 신발이 세계적으로 인정받는 사건이 일어났다. 암스테르담 하계 올림픽에 출전한 독일의 육상 선수 리나 라드케가 6개의 스파이크가 달린 아돌프의 신발을 신고 육상 800미터 경주에 출전하여 2분 16초의 세계 신기록과 함께 금메달을 획득한 것이다. 아돌프는 1936년 베를린 올림픽 육상 경기에 참여한 미국의 금메달 유력 후보 제시 오언스에게도 자신이 만든 육상화를 신어보라고 설득했고, 아돌프의 육상화를 신은 제시 오언스는 금메달을 4개나 획득했다.

**전쟁과
다슬러 형제**

신발 공장이 한창 성장하던 1930년대 다슬러 형제는 국가 사회주의 독일 노동당, 즉 나치당 가입을 강요받았다. 결국 이들은 1933년 나치 당원이 되었고 사업은 더욱 번창했다. 하지만 나치에 대한 두 사람의 입장은 확연히 달랐다. 루돌프는 나치 사상에 공감하는 부분이 많았지만, 아돌프는 신발밖에 몰랐다. 이러한 점 또한 두 형제의 극명하게 다른 성격을 보여주는 대목이었다.

제2차 세계대전이 시작되고 신발 생산량이 급감하면서 다슬러 형제의 신발 공장 중 하나가 문을 닫아야 하는 상황이 발생했다. 회사 운영에 문제가 생기자 두 형제는 충돌했다. 회사 운영에 대한 가치관이 너무 다른 탓이었다. 아돌프에게는 무엇보다 신발 개발이 최우선이었던 반면, 루돌프에게는 현금 흐름과 수익성이 중요했다. 이런 상황에서 1943년 루돌프만 군대에 징집되었다. 루돌프는 자기 아내가 대신 회사를 운영하면 어떻겠냐고 했으나, 아돌프는 이 제안을 거절했다. 둘은 편지를 주고받으며 함께 회사를 운영하려 했음에도, 이조차 잘되지 않았다. 그러다 1943년 10월

Part 2. 생활 속의 오리지널   **187**

다슬러 형제 신발 공장은 아예 생산 중단 명령을 받았다. 이후 다슬러 형제 신발 공장은 전쟁이 끝날 때까지 무기 부품을 생산하는 시설로 이용되었고, 아돌프는 이 명령을 형이 계획한 것으로 의심했다.

1945년 제2차 세계대전이 끝나면서 다슬러 형제의 신발 공장은 원상복구된 듯 보였다. 그런데 미군에게 나치 친위대로 오해받은 루돌프가 연합군 포로수용소에 1년간 감금되는 일이 벌어졌다. 루돌프는 모든 일을 동생이 꾸민 일이라고 의심해 석방된 다음 아돌프를 나치 협력자로 밀고해버렸다. 다행히 유대인 친구를 숨겨준 일이 알려지면서 아돌프의 처분은 2년간의 보호관찰을 받고 마무리되었으나 의심에 의심을 더하며 다슬러 형제의 사이는 돌이킬 수 없는 지경에 이르렀다. 결국 두 사람은 각자의 길을 걷기 시작했는데 아돌프는 자신의 이름과 성을 따 만든 아디다스^{adidas}를, 루돌프는 자신을 따르는 직원들과 함께 푸마^{Puma}를 설립했다.

⟶≫ 선수들의 필요를 채우는 스포츠 신발

1954년 스위스 월드컵에서 아디다스의 축구화로 인해 엄청난 사건이 발생한다. 서독 축구 대표팀은 당시 세계 최강이던 헝가리와 맞붙었는데, 워낙 막강한 팀이다 보니 사람들은 당연히

아디다스 축구화 광고 포스터

스터드 달린 축구화를 보고 있는 아돌프 다슬러

헝가리의 우승을 예상했다. 예상대로 헝가리는 두 골을 먼저 넣으며 주도권을 잡았지만 변수가 발생했다. 경기 중 폭우가 내리기 시작한 것이다. 경기는 중단되지 않고 계속되었지만 축구장은 순식간에 진흙탕으로 변해버렸다. 헝가리 대표팀은 진흙이 덕지덕지 붙은 무거운 축구화로 경기해야 했다. 반면 아디다스 축구화를 신은 서독 대표팀의 발은 가볍기 그지없었다.

아디다스는 1949년부터 서독 축구대표팀의 공식 납품업체로 선정되었다. 아돌프는 서독 축구대표팀과 정기적으로 만나며 선수들과 운동화에 대해 많은 이야기를 나누었다. 선수들은 날씨에 따라 땅 상태가 달라지기 때문에 상황에 맞게 신발 바닥의 스터드를 교체할 수 있으면 좋겠다고 말했고, 아돌프는 선수들의 의견을 수렴해 스터드를 교체할 수 있는 축구화를 제작했다. 그 덕분에 하프타임 때 긴 스터드로 교체한 서독 대표팀은 후반전이 시작되자마자 그라운드를 휘저으며 동점을 만들어냈다. 결국 후반 39분 서독 대표팀의 헬무트 란이라는 선수가 결승골을 넣어 서독이 월드컵 우승을 차지했다. 이 경기 이후 탈부착식 스터드 축구화가 세계적인 인기를 얻으며 아디다스는 세계적인 축구용품 전문 브랜드로 급성장할 수 있었다.

작은 마을에서 불붙은 형제의 경쟁

 VS

아디다스와 푸마의 본사는 지금도 다슬러 형제의 고향, 독일 헤르초겐아우라흐에 있다. 형제가 각자의 길을 걷기로 하고 각각 아디다스와 푸마를 설립했을 당시 이 마을의 최대 관심사는 아돌프의 신발을 신은 사람은 누구고, 루돌프의 신발을 신은 사람은 누구인지였다고 한다. 갈라진 두 형제의 브랜드 경쟁은 작은 고향 마을에서부터 시작된 셈이다.

Part 3.

역사를 바꾼 오리지널

인류를 진보의 방향으로 이끌다.

아메리칸 엑스프레스
바셀린
아스피린
활명수
포드
롤스로이스
유한양행
페니실린
폭스바겐

020

AMERICAN EXPRESS

아메리칸 엑스프레스
1850년

전 세계에서 가장 오래된 미국의 신용카드

'아메리칸 엑스프레스'라는 브랜드를 떠올리면 늠름한 로마 군인이 그려진 신용카드가 가장 먼저 생각난다. 이 회사가 전 세계에서 가장 오래된 신용카드 기업이기 때문이다. 그런데 도대체 왜 신용카드 브랜드에서 포장 이사 업체를 연상시키는 '엑스프레스'라는 이름을 쓰는 것일까? 아메리칸 엑스프레스의 이름을 제대로 이해하려면 일단이 회사의 역사를 살펴봐야 한다.

"배달도 금융도 기본은 신용이다."

---» **나 때는 '말'이야**

1803년 미국은 프랑스로부터 미시시피강 서쪽 루이지애나 지역을 매입했다. 1819년에는 스페인으로부터 플로리다 지역을 사들였다. 영토가 넓어지면서 사람뿐 아니라 짐이나 우편물을 운반할 일도 많아졌다. 이 무렵 윌리엄 핸든William F. Harnden(1812~1845)이라는 사업가가 세계 최초로 '익스프레스Express'라는 상표로 급행 화물 운송 사업을 시작했다. 철도 회사에서 일하던 핸든은 승객들과 지인들의 소포를 전달해주다 본격적으로 운송 사업에 뛰어들며 뉴욕 최고 중심가 월스트리트에 얻은 사무실에 '핸든스 패키지 익스프레스'라는 간판을 내걸었다.

헨리 웰스의 역마차

핸든스 패키지 익스프레스는 주로 철도로 화물을 운반했기에 운송 비용을 낮추기 위해 철도 회사와 장기 독점 계약을 맺었다. 독점 계약 덕에 사업 운영은 안정적이었다. 한편 핸든은 사업을 확장하려면 바다나 강을 통한 해상 운송까지 구축해야 한다고 생각했다. 그러던 중 뉴욕에 위치한 미국 5대 호수 중 하나인 이리호에서부터 허드슨강 상류까지 이어지는 이리 운하에서 선박 운송업을 하던 헨리 웰스Henry Wells(1805~1878)와 만났다. 두 사람은 곧 의기투합했고, 육로의 핸든과 수로의 웰스 조합은 큰 시너지를 내며 성공했다.

그렇지만 채 1년도 되지 않아 두 사람은 사업 방향성 때문에 갈등을 겪는다. 선박 운송업에 종사하며 이리Erie 운하를 자주 오가던 웰스는 미국 중서부의 개발과 발전을 몸소 느끼고 있었기에 앞으로 그곳이 더욱더 발전하리라는 확신에 차 있었다. 웰스는 급행 화물 운송사업을 서부로 확장해야 한다고 강하게 주장했지만 핸든은 이렇게 답했다.

"자네가 로키산맥까지 사업을 확장하고 싶다면 따로 하게나. 나는 철도가 놓인 곳에서만 급행 운송을 할 거라네."

당시 미국 서부에는 아직 철도가 놓이기 전이었다. 배는 너무 느려 '급행', 즉 익스프레스라는 이름을 붙이기 어려웠다. 자동차는 아직 등장하기 전이었고 말이다.

핸든이 서부로의 사업 확장을 단호하게 거절하자, 1841년 웰스는 혼자서라도 서부로 사업을 확장하겠다며 핸든과 갈라섰다. 이후 크로우포드 리빙스턴과 조지 포메로이에게 투자받아 리빙스턴 앤 컴퍼니Livingston&co.를 설립했다.

교통이 불편한 서부에서 운송업을 하려면 그나마 가장 빠른 역마차가 최선의 선택지였다. 웰스가 역마차로 직접 화물을 운송하며 힘들게 서부 사업을 꾸려가던 1843년 천금 같은 소식이 들려왔다. 서부의 올버니와 버펄로 지역에 드디어 철도가 개통된 것이다. 이 구간의 철도 개통은 웰스의 사업에 날개를 달아주었다. 회사는 급성장하면서 점점 몸집을 불려갔다. 계속 커지는 사업을 혼자 운영하기 벅찬 상황에 이를 무렵 웰스는 윌리엄 조지 파고William George Fargo(1818~1881)라는 젊은이를 배달원으로 채용했다.

센스 있고 패기 넘치던 파고는 1년 만에 혼자 버펄로 대리점을 운영하기에 이르렀다. 일을 잘했을 뿐만 아니라 의욕도 가득하던 이 청년은 웰스의 좋은 사업 파트너에서 한발 더 나아가 훗날 아메리칸 엑스프레스의 사장까지 오른다.

1845년 핸든스 패키지 익스프레스의 창립자 핸든이 갑작스럽게 세상을 떠났다. 웰스는 핸든의 운송 사업을 인수했다. 3년 뒤 초기 투자자 크로우포드 리빙스턴이 사망하자 뉴욕 서부 쪽 사업을 리빙스턴의 동생과 파고에게 매각해버렸다. 리빙스턴 앤 컴퍼니가 웰스 앤 컴퍼니와 리빙스턴 파고 앤 컴퍼니로 나눠진 것이다.

──» 라이벌이 있어도 문제,
없어도 문제

1800년대 당시 미국의 서부 지역은 잡초 하나 자라지 않는 메마른 땅으로 말 그대로 황무지였다. 그런데 1848년 제임스 윌리엄 마셜이라는 목수가 캘리포니아의 어느 강에서 우연히 금광을 발견했다. 곧 캘리포니아가 황금의 땅이라는 소문이 났고, 금을 캐내기 위해 전 세계에서 남녀노소 구분 없이 무려 30만 명의 사람들이 모여들었다. 이것을 '캘리포니아 골드러시California Gold Rush'라 부른다. 이로 인해 금 생산량이 급격히 증가하며 미국에서는 본격적인 서부 개척 시대가 열렸다. 자연스럽게 화물 운송업의 수요도 증가했고 웰스의 사업 역시 승승장구했다.

이 무렵 뉴욕 중서부의 역마차 사업은 마부馬夫인 존 버터필드 John Butterfield(1801~1869)가 장악하고 있었다. 버터필드는 1849년 수익성 좋은 급행 운송 사업에 뛰어들어 버터필드 왓슨 앤 컴퍼니라는 회사를 설립했다. 웰스의 입장에서 버터필드는 아주 성가신 라이벌이었다. 웰스는 버터필드보다 운송 이용료를 낮춰 경쟁력을 높이려 했지만, 버터필드가 뒤이어 가격을 낮추면서 제 살 깎아 먹기 격인 가격 경쟁을 피할 수 없게 되었다. 웰스와 버터필드는 함께 손해 보는 것보다 합병하는 것이 서로 이득이라는 사실을 깨달았다. 이 합병에 리빙스턴 파고 앤 컴퍼니도 합류하겠다는 의사를 밝혔다. 그렇게 1850년 3월 세 회사가 각각 5만 달러씩 출자해 아메리칸 엑스프레스American Express를 창립했다. 아메리칸 엑스프레스라는 이름에는 '미국 전역에 급행 배달망을 형성하겠다'는 각오가 담겨 있었다.

아메리칸 엑스프레스의 기업 이념은 어떠한 경우에도 '지불 약속'을 지키겠다는 것이었다. 운송업은 신뢰가 바탕이 되어야 한다는 철학이 있었기 때문이다. 이 이념에 얽힌 재미있는 일화도 있다. 1855년 아메리칸 엑스프레스는 한 가지 큰 임무를 맡았다. 아이오와주 정부로부터 2개의 큰 상자에 포장된 정부 자금 5만 달러를 뉴욕의 미국 재무부에 전달하는 일이었다. 그런데 재무부에 전

아메리칸 엑스프레스 옛날 로고

달한 상자의 뚜껑을 열자 그 안에는 돈 대신 탄환과 납판이 들어 있었다. 이후 사건의 범인을 잡아내긴 했지만, 5만 달러의 돈은 이미 사라져버린 후였다. 이에 아메리칸 엑스프레스는 미국 주 정부에게 원금 5만 달러에 이자까지 덧붙여 전액을 지불했다. 이 사건으로 인해 '지불 약속'이라는 기업 이념이 증명되면서 아메리칸 엑스프레스는 배송 업계에서 신뢰의 아이콘으로 자리잡았다. 당시 아메리칸 엑스프레스의 로고는 상자 위에 올라간 큰 개가 물건을 지키고 있는 디자인으로, 무슨 일이 있더라도 물건을 지키겠다는 강한 의지를 드러낸 것이라고 한다.

미국의 급행 화물 운송업은 미국 동부 연안과 남부의 애덤스 익스프레스를 제외하면 아메리칸 엑스프레스의 독무대였다. 무리한 가격 경쟁으로 서로 피해 보던 과거를 반복하지 않으려 애덤스 익스프레스와 서로 영역을 나눠서 평화롭게 운영한 것이다.

그런데 어느 순간 아메리칸 엑스프레스의 독점에 대해 사람들이 곱지 않은 시선을 보내기 시작했다. 이에 아메리칸 엑스프레스는 마치 독점이 아닌 것처럼 위장할 방법을 찾았다. 일반인들의 눈에는 경쟁사처럼 보이지만 실제로는 아메리칸 엑스프레스가 경영을 지배하는 자회사를 만든 것이었다. 1855년 내셔널 익스프레스를 시작으로 여러 개의 급행 운송 회사가 설립되었으며, 모두 아메리칸 엑스프레스가 수익을 독점하는 자회사였다.

—》　**위기는
또 다른 기회**

아메리칸 엑스프레스는 1861년의 미국 남북전쟁 또한 기회로 만들었다. 병사들은 고향의 부모와 연인에게 편지나 훈장, 기념품 등을 전하려 아메리칸 엑스프레스를 찾았다. 전쟁터에서의 운송은 목숨을 건 위험한 업무였기에 그만큼 큰 수익을 얻을 수 있었다. 다음 해인 1862년에는 1,500명의 사원과 890개의 사무실, 대리점을 운영할 정도로 회사가 커졌다. 이는 미국 전체의 우체국 수보다 많았다.

미국 우편국은 아메리칸 엑스프레스를 견제하기 위해 의회에 급행 운송업 폐지안을 제출했다. 이 제안이 급행 운송에 비해 우편국 배달 업무가 너무 느리다며 거절당하자 우편국은 차별성 있는 다른 전략을 찾았다. 바로 새로운 우편환어음 시스템으로 의회에 취급 승인을 받은 것이다.

우편환어음 시스템이란 가까운 우편국에서 보내고자 하는 금액이 쓰인 송금수표Money order를 구매해서 우편으로 배달하면 받은 사람이 근처 우편국에서 현금으로 교환하는 방식이었다. 우편국에서 시작한 이 사업 때문에 아메리칸 엑스프레스는 큰 타격을 입었다. 아메리칸 엑스프레스가 독점하고 있던 현금 운송 서비스는 위험성 때문에 이용료가 비쌌던 반면, 우편국의 송금수표는 현금을 직접 보내는 것보다 안전한 데다 훨씬 저렴하기까지 했다. 당연히 많은 사람이 송금수표를 이용했다.

아메리칸 엑스프레스도 시대의 흐름에 발맞춰 1882년 송금수표 사업을 시작했다. 아메리칸 엑스프레스의 송금수표는 수표 왼쪽에 1달러에서 10달러까지 5센트 단위로 인쇄된 쿠폰을 가위로 오려서 금액을 표기하는 방식이었다. 펜으로 적어 돈 단위를 위조하기 쉽던 우편국의 송금수표와 차별화되기 위한 아이디어였다. 조금 늦은 감이 있었지만, 전국적으로 퍼진 사업장 덕에 아메리칸 엑스프레스의 송금수표 사업은 금세 활성화되었다. 1890년대 말에 와서는 송금수표의 연간 매출이 350만 달러에 이를 정도였다.

송금수표 사업에서는 생각지 못한 이익도 발생했다. 송금자가 송금수표를 발송하면 배송 기간 이 수표는 아메리칸 엑스프레스에 머물러 있는 유보자산이었다. 이 유보자산은 수취인에게 이자를 줄 필요가 없었다. 사업의 규모와 함께 수중에 있는 유보자산의 규모는 엄청나게 커졌고, 아메리칸 엑스프레스는 유보자산을 활용한 투자로 막대한 수익을 거두었다. 우편국에 대항하기 위해 시작한 송금수표 사업 덕에 금융업에까지 성공적으로 자리잡은 것이다.

──》 불편함을 해소하며 여행 산업으로 진출

아메리칸 엑스프레스의 송금수표는 유럽에서 이민 온 사람들이 주로 이용했다. 이민자들은 미국에서 번 수익을 유럽의 고

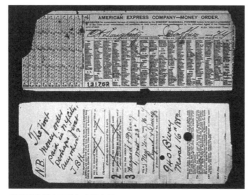

아메리칸 엑스프레스 송금수표

향에 있는 가족들에게 보내야 했는데, 이러한 요구를 파악한 아메리칸 엑스프레스는 유럽 여러 나라에 있는 50여 곳의 은행과 계약 후 송금수표 현금화 서비스를 시작했다. 이 서비스 덕분에 거래 은행이 기하급수적으로 늘어나며 아메리칸 엑스프레스는 미국을 넘어선 국제적인 금융 서비스 기업으로 우뚝 설 수 있었다.

한편 윌리엄 조지 파고의 동생 제임스 콩델 파고James Congdell Fargo 가 아메리칸 엑스프레스의 사장이던 1891년의 어느 날이었다. 제임스는 미국 대은행의 신용장을 가지고 유럽의 대도시로 한 달간 여행을 떠났다. 신용장이란 예금자가 거래 은행에 청구하여 발행받는 증서로, 이것만 있으면 해외의 거래 은행에서 자유롭게 현금을 찾아 쓸 수 있었다. 다만 보안상 현금 인출 절차가 너무나 복잡하고 시간이 오래 걸린다는 커다란 단점이 있었다.

미국의 대기업인 아메리칸 엑스프레스의 사장을 모르는 은행은 없었지만, 제임스 역시 어느 은행에서든 일반 고객과 마찬가지로 복잡한 과정을 거쳐야만 했다. 한 달 동안 신용장의 불편함을 몸소 체험한 그는 미국으로 돌아오자마자 여행자가 해외에서 쉽게 현금을 찾을 수 있는 좋은 방법을 개발하라고 지시했다.

당시 신용장을 통한 현금 인출이 오래 걸린 까닭은 본인 확인을 위해 본국의 거래 은행에 보관 중인 서명을 해외의 거래 은행에 우편으로 보내야 했기 때문이다. 오락가락하는 환율을 해외 은행이 마음대로 정해 환율 사기도 빈번했다. 아메리칸 엑스프레스는 몇 가지 아이디어를 도입하여 이런 문제를 효과적으로 해결하며 최초의 여행자수표를 개발했다.

먼저 여행자수표의 왼쪽 상단에 미리 사인해두고, 오른쪽 하단에 동일한 사인을 하는 방식으로 본인 확인 절차를 간소화했다. 오늘날 신용카드 뒷면에 미리 서명해놓고 결제할 때 같은 서명을 하는 것과 같은 개념이다. 여행자수표에 유럽 통화로 환전될 금액을 미리 기재해 환율 변동과 상관없도록 했기 때문에 환전 사기에서도 벗어날 수 있었다. 10달러, 20달러, 50달러, 100달러 등 여러 장이 묶여 있어 필요한 금액만큼 수표를 뜯어서 사용할 수 있었다. 그렇게 1891년 3월 세계 최초의 여행자수표 '아메리칸 엑스프레스 트래블러스 체크American Express Travelers Cheque'가 탄생했다.

사용자 편의에 맞춘 아이디어 덕분에 아메리칸 엑스프레스의 여행자수표는 실제 돈이 아님에도 '푸른 지폐Blue Money'라 불리며 여행자의 필수품이 되었다. 여행자수표 활성화를 위해 아메리칸 엑스프레스는 파리 사무실에서 관광 안내, 호텔 예약 등 여행자들을 위한 무료 상담 서비스도 시작했다. 자존심 문제로 영어를 알아도 프랑스어로만 대답하는 프랑스인들 때문에 파리를 여행하는 미국인들은 불편을 겪곤 했는데, 이런 미국인 여행자들이 모두 아메리칸 엑스프레스의 파리 사무실로 찾아왔기에 여행자수표의 판매량은 매년 급증했다. 아메리칸 엑스프레스는 1902년부터 유럽의 각 영업소에서 미국으로 향하는 배표도 팔면서 여행 사업에까지 진출했다.

⟶≫ 화물 운송에서
신용 운송으로

1917년 미국이 제1차 세계대전에 참전하면서 미국 내 철도 운송 체계에 문제가 생겼다. 전략 물자 운반에까지 지장이 생기자 당시 미국 대통령이던 토머스 우드로 윌슨은 전미 철도를 국유화하고 모든 급행 화물 운송회사를 통합하기로 결정했다. 그렇게 아메리칸 엑스프레스는 회사의 근본이었던 급행 화물 운송사업을 종료할 수밖에 없었다.

1923년 아메리칸 엑스프레스를 여행 회사로 자리매김하고 싶었던 프레드릭 스몰Frederick P. Small이 사장의 자리에 올랐다. 당시 아메리칸 엑스프레스는 여행자수표나 송금수표 등의 금융업으로 어느 정도 매출이 유지되는 수준이었다. 1929년 10월 24일 대공황이 시작되기 전까지 말이다.

프레드릭은 어떤 일이 있어도 아메리칸 엑스프레스의 여행자수표와 송금수표의 현금화 서비스를 계속하겠다고 선포했다. 심지어 1933년 3월 미국 최악의 경제 상황으로 프랭클린 델러노 루즈 벨트 대통령이 '휴업 조치'를 내리며 전국 은행의 영업을 중지한 상황에서도 아메리칸 엑스프레스는 몰려드는 고객들에게 끝까지 현금 인출을 허용했다. 제2차 세계대전 중에도 서비스를 유지했다. 이 시기 아메리칸 엑스프레스에 대한 신뢰는 크게 올라갔다.

제2차 세계대전이 끝난 뒤 미국의 국무장관 조지 캐틀렛 마셜은 황폐화된 유럽을 재건축하기 위해 기술적·경제적으로 지원해주는 유럽 부흥 계획, 일명 마셜 플랜을 발표했다. 아메리칸 엑스프레스는 이것도 잘 활용했다. 유럽을 여행하면서 돈을 쓰면 그 자체가 경제 원조라며 "유럽 여행은 마셜 플랜의 일환이다"란 슬로건을 내걸고 광고한 것이었다. 때마침 대형 비행기 개발로 유럽 여행 인구가 엄청나게 늘어났다. 해외 사무실을 찾는 고객이 증가했고, 여행자수표 사업은 다시 전성기를 맞았다.

그러다 1950년 송금수표와 여행자수표를 뛰어넘는 획기적인 금융 서비스가 나타났다. 레스토랑에서 식사한 뒤, 결제하려고 지갑을 열었다가 현금이 없어서 곤혹을 치른 뉴욕의 사업가 프랭크 맥나마라Frank Manamara가 이 사건에서 착안해 시작한 신용카드 사업이었다. 프랭크는 친구와 함께 '식사하다'라는 의미의 다인Dine 과 멤버십을 의미하는 클럽Club을 조합해 '다이너스 클럽 카드Diners Club Card'라 불리는 최초의 신용카드를 선보였다. 다이너스 클럽과 계약된 레스토랑에서 식사를 하고서 카드만 보여주면 월말에 한 번만 결제하면 되는 아주 편리한 결제 시스템이었다. 다이너스 클럽 카드는 사용자가 급격히 증가했고, 당연히 거래처도 늘어났다. 그렇게 1950년대 중반 신용카드는 미국인들의 필수품으로 자리 잡았다.

아메리칸 엑스프레스는 고민에 빠졌다. 신용카드 사업을 시작해야 한다고 생각하는 이도 많았던 반면, 아메리칸 엑스프레스의 주력 사업인 여행자수표와 포지션이 겹칠 수 있다는 우려도 컸다. 고민하는 사이 신용카드 업계는 급성장했다. 더는 결단을 미룰 수 없었던 아메리칸 엑스프레스는 결국 신용카드 사업에 뛰어들기로 결정했다. 사업 준비 중 카드 업계에 이미 진출해 있던 전미 호텔협회장으로부터 15만 명의 회원과 가맹 호텔 5,000개를 모두 양도하겠다는 제안도 받았다. 생각지 못한 행운이 따르며 아메리칸 엑스프레스의 신용카드 사업은 빠르게 준비되었다.

당시 다이너스 클럽 카드의 회비는 5달러였는데, 아메리칸 엑스프레스는 '우리가 더 격이 높다'는 것을 드러내기 위해 회비를 6달러로 책정했다. 1958년 10월 1일 아메리칸 엑스프레스는 회원들에게 첫 신용카드를 발송했다. 첫 신용카드는 자주색 종이 카드였으며, 1951년부터 사용하던 센츄리온Centurion의 로고가 들어 있었다. 센츄리온 로고에 들어간 로마 군인은 고대 로마 시대 100명의 로마군으로 구성된 부대를 지휘하던 힘과 권력을 가진 지휘관이라고 한다. 오랫동안 쌓아온 신뢰 덕분에 많은 사람이 가입 신청을 했고 처음 발행된 카드만 무려 25만 장이었다.

1961년 3월 아메리칸 엑스프레스는 기업용 컴퓨터를 도입하면서 과거 수작업으로 진행되던 일들을 자동화했다. 1969년에는 신용카드의 색을 자주색에서 녹색으로 변경하는데, 지폐와 같은 생인 녹색을 사용함으로써 '신용카드는 돈'이라는 개념을 심어주기 위한 전략이었다. 이후 1971년 신용카드에 IBM이 발명한 마그네틱 스트라이프 기술을 도입하여 데이터 처리 속도를 높였다. 아메리칸 엑스프레스는 시대의 흐름에 따라 새로운 기술을 최대한 빠르게 적용하며 발전시켜왔고 현재까지도 세계에서 가장 오래된 신용카드 기업으로 운영되고 있다.

내 카드는 블랙, 부자 인증 카드

아메리카 엑스프레스는 1977년 5월 서울에 아멕스 은행을 열면서 우리나라에 첫발을 들였지만, 은행업을 스탠다드차타드 그룹으로 넘기면서 지금은 한국 아멕스 은행 역시 SC제일은행으로 넘어간 상황이다. 1984년에는 신용카드로도 한국에 진출했으며 현재 삼성카드와 롯데카드 등 다양한 카드회사에서 아멕스 카드를 발급받을 수 있다. 이 중 삼성카드에서는 보유 자산이 200억 이상인 사람들만 신청 가능한 속칭 '블랙카드'를 발급하고 있다고 한다.

021

Vaseline

바세린 1872년

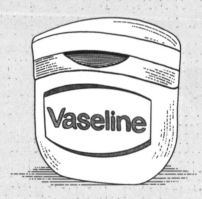

기름에서 추출한 피부 보습제

《동의보감》에는 건조해서 갈라진 피부에 돼지 기름을 바르면 좋다고 쓰여 있다. 우리 나라도 예부터 기름으로 피부를 가꾸려는 시도가 있었던 셈이다. 오늘날 출시되는 다양한 화장품 제품에도 기름 성분이 첨가되어 있다. 우리에게 친숙한 보습 화장품인 바세린 또한 기름에서 추출된 화장품이다. 바세린은 과연 무슨 기름에서 추출한 것일까?

"석유 찌꺼기가
보습제의 끝판왕으로 자리잡다."

—» **향유고래기름을
대체할 검은 오일**

석유 유전의 발견 전 인류는 기름을 얻기 위해 바다로 나가야 했다. 바닷속을 누비는 거대한 생명체 속에 양질의 기름이 있었기 때문이다. 바로 고래 이야기다. 차가운 바다에서 체온을 유지하기 위해 고래는 온몸이 지육脂肉으로 뒤덮여 있다. 이 지육을 가열하고 정제하면 기름이 나오는데, 일반적으로 고래 1마리당 무려 800L나 되는 양질의 기름을 얻을 수 있었다. 이에 1800년대에는 고래로부터 기름을 정제하는 전문 직업이 존재했다. 뉴욕 대학교 화학과를 졸업한 화학자 로버트 오거스터스 체스브로Robert Augustus

Chesebrough(1837~1933)의 직업도 이것이었다.

개체 수가 점점 줄어들어 멸종 위기에 가까워지고 있는 고래였지만, 고래기름은 등불을 밝히기 위해 없어서는 안 될 귀한 에너지원이었다. 고래기름 정제사는 분명 유망한 직업이었다. 1859년 8월 미국 펜실베이니아주 타이터스빌의 어느 암반에서 검은 액체가 솟구쳐 나오기 전까지는 말이다.

미국의 사업가 에드윈 로렌틴 드레이크가 암반을 굴착하던 중 석유 유전을 발견하게 되면서 많은 것이 달라졌다. 이후 수많은 사람이 석유 부자의 꿈을 안고 펜실베이니아로 향했다. 그 덕에 1860년에만 석유 유전이 75개나 발견되었고, 이 시기를 '펜실베이

펜실베이니아 오일러시

니아 오일러시$^{Pennsylvania\ Oil\ Rush}$'라고 부른다.

---»» **석유?**
난 찌꺼기가 더 필요해!

목숨 걸고 먼바다에 나가지 않아도 기름을 얻을 수 있게
되자 고래기름 정제사는 쓸모없는 직업이 되어버렸다. 로버트는
시대 흐름에 뒤처지지 않기 위해 석유를 연구하러 곧장 펜실베이
니아로 향했다. 그리고 석유 시추 현장에서 인부들이 일하는 모습
을 유심히 관찰했다.

석유 시추 과정에서 인부들은 자주 작업을 멈추고 끈적끈적하
며 까만 물질을 제거했다. 당연히 로버트는 이런 상황을 많이 목
격했다. 말썽을 일으키는 까만 물질은 로드 왁스$^{Rod\ Wax}$라는 석유
찌꺼기였다. 인부들은 로드 왁스를 모아두었다가 상처가 나거나
화상을 입었을 때 바르곤 했다. 이것을 바르고 인부들의 상처가
회복되는 것을 직접 본 로버트는 로드 왁스에 분명 치료와 관련된
화학적인 성분이 들어 있으리라 생각했다.

그렇게 모두가 석유를 찾는 동안 로버트는 까만 석유 찌꺼기,
로드 왁스를 수집했다. 고래기름 정제사였던 그는 로드 왁스에서
도 여러 물질을 정제할 수 있으리라 생각하며 무려 5년 동안 열심
히 연구했다. 1865년에는 로드 왁스에서 좀 더 가벼운 석유 오일

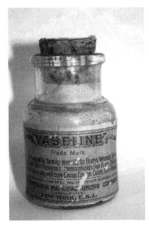

초기의 바세린

을 증류하여 페트롤리움 젤리^{Petroleum Jelly}라 불리는 밝은색 젤을 추
출하는 방법을 발견했다. 이후 완전한 페트롤리움 젤리를 추출하
기까지는 또다시 5년이 소요됐다. 로버트는 이 물질에 독일어로
물을 의미하는 'Wasser'과 그리스어로 기름을 의미하는 'Elaion'을
조합하여 바세린^{Vaseline}이란 이름을 붙였다. 1870년에는 바세린 제
조를 위해 체스브로 매뉴팩처링 컴퍼니^{Chesebrough Manufacturing Company}
를 설립하고 브루클린에 공장도 세웠다.

─» **최초의 무료**
      샘플 마케팅

최초의 바세린은 작은 유리병에 담겨 코르크 마개로 봉

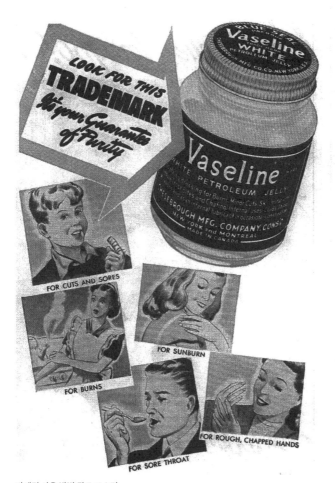

바세린 사용 방법 광고 포스터

해진 상태로 생산되었는데, 사람들은 난생처음 보는 낯선 상품에 전혀 관심을 보이지 않았다.

'일단 바세린을 써본다면 다른 사람들도 분명 그 효과를 알게 될 거야.' 이렇게 생각한 로버트는 마차를 타고 돌아다니며 바세린을 조그만 병에 담아 무료로 나눠주었다. 미국 최초로 무료 샘플 증정 마케팅을 시도한 것이다.

로버트는 바세린의 효능을 입증하기 위해 엽기적인 방법까지 동원했다. 사람들이 보는 자리에서 고의로 화상을 입거나 피부에 상처를 낸 다음 그 부위에 바세린을 바르는 자해 마케팅을 한 것이다. 바세린에 상처를 직접적으로 치료하는 효능이 있는 것은 아니지만, 당시에는 상처 부위를 통한 감염 때문에 상태가 악화되거나 사망하는 경우가 많았다. 상처 부위에 바세린을 바르면 젤로 형성된 막이 감염을 막아주었기 때문에 의사들도 바세린에 치료 효능이 있다고 생각했다. 상처 부위에 바세린을 바르는 일이 어쨌든 회복에 도움을 주었으니 말이다.

피부 보습에도 좋다는 사실이 알려지면서 바세린은 미국을 너머 영국 시장에도 진출했다. 영국의 빅토리아 여왕은 바세린을 매일 바를 정도로 좋아하여 로버트에게 기사 작위까지 수여했다. 로버트 역시 바세린 신봉자였다. 그는 50대 중반에 심각한 늑막염으로 고생했는데, 간호사에게 머리부터 발끝까지 바세린을 발라 달라고 요청할 정도였다. 어찌된 영문인지 로버트는 곧 늑막염에서 회복되었고, 이후 96세의 나이로 세상을 떠나는 날까지 매일 바세린을 한 숟가락씩 떠먹었다고 전해진다.

바세린에 화상이나 상처 치료 효과가 없다는 사실이 밝혀진 것은 시간이 꽤 흐른 뒤였지만, 마치 치료 효과가 있는 것처럼 느끼게 만드는 뛰어난 보습 능력 덕에 바세린은 의약품이 아니라 화장품으로 정체성이 바뀐 뒤에도 시장에서 살아남을 수 있었다. 오늘날 다양한 종류로 출시되고 있는 바세린은 여전히 전 세계 많은 사람의 피부 보습 화장품으로 사용되고 있다.

기브 미 더 바세린

병에 담긴 채 판매되던 바세린은 1905년에 '편리하고, 위생적이며, 경제적인' 관점에서 튜브형 제품으로 개선된다. 그로부터 12년 후, 미국이 제1차 세계대전에 참전하면서 미군 병사들의 보급품에 포함된 튜브형 바세린은 찬란하게 빛난다. 전쟁 중에는 화상이나 상처를 자주 입는 데다 군화를 신고 오래 걸어야 하기 때문에 발이 부르틀 수밖에 없다. 이런 상황에서 상처와 부르튼 발을 안정시켜주는 바세린이 휴대와 사용에 편리한 튜브형 제품이라는 것은 신의 한 수였다. 영국 군인들은 미군의 바세린이 탐나 담배와 교환할 정도였다고 한다.

022

ASPIRIN

아스피린 1897년

세계에서 가장 많이 팔리는 진통제

두통이 있거나, 열이 날 때 쉽게 찾는 가정상비약 아스피린. 약국에서 쉽게 구입할 수 있는 아스피린은 전 세계에서 매해 600억 알 이상이 소비되는 것으로 알려져 있다. 이렇게 우리 생활 속에서 없어서는 안 되는 진통제인 아스피린은 1897년에 최초로 개발된 합성 의약품이지만, 아스피린에 대한 연구의 시작은 기원전으로 거슬러 올라간다.

"버드나무 껍질이
인류를 고통에서 구원하다."

⟶≫ **고통을 줄여주는
최초의 진통제**

　기원전 1550년경 고대 이집트 사람들은 800여 종의 약 처방에 더해 700여 종의 동식물과 광물성 약에 대한 기록을 남겼다. 이 기록을 에버스 파피루스Ebers Papyrus라고 부른다. 에버스 파피루스에는 흥미로운 내용이 가득 담겨 있는데, 그중에는 '버드나무 껍질을 벗겨서 먹었더니 고통이 사라지더라'는 것도 있었다. 고대 이집트 사람들은 버드나무 껍질이 어떤 원리로 고통을 없애주는지 알지 못했지만, 유용하다는 사실만은 확실히 알고 있었다.

　기원전 400년경 현대 의학의 아버지라 불리는 히포크라테스

Hippokratēs는 환자의 고통을 줄여주기 위해 버드나무 껍질을 씹게 했다. 버드나무 껍질을 진통 소염제로 사용한 것이다. 산모에게도 버드나무 잎으로 끓인 차를 마시게 했다. 마찬가지로 고통을 줄여주기 위해서였다. 기원전 300년경에는 식물학의 아버지 테오프라스토스Theophrastos가 버드나무 껍질에서 추출한 즙에 진통 효과가 있다는 것을 발견하고, 삶은 버드나무 껍질을 치료약으로 처방하기도 했다.

조선시대 사람들은 치통이 있을 때 버드나무 달인 물로 양치질을 했다고 한다. 열이 오를 때는 버드나무 달인 물로 씻었다. 버드나무 껍질에 얽힌 유명한 일화도 있다. 무과 시험을 치르다 말에서 떨어져 발목을 다친 이순신 장군이 버드나무 껍질로 발목을 감싸고 끝까지 시험을 치렀다는 이야기다.

⟶⟫ 버드나무 껍질로 제대로 된 진통제를 만들 순 없을까?

버드나무 껍질은 동서양을 가리지 않고 아픈 사람들에게 유용하게 쓰였다. 하지만 그저 민간요법의 형태로 사용되었을 뿐이었다. 1763년 영국 치핑 노턴의 목사 에드워드 스톤Edward Stone이 초원을 거닐다가 우연히 맛본 버드나무 껍질에서 말라리아 치료에 사용되는 퀴닌 성분과 비슷한 쓴맛이 난다는 것을 알아채기 전까지는 말이다.

　당시 에드워드는 말라리아와 증상이 비슷한 학질 때문에 고열과 오한에 시달렸는데, 버드나무 껍질에도 치료 성분이 있지 않을까 하는 생각에 스스로에게 임상 시험을 해보기로 마음먹었다. 이에 3개월 이상 잘 말린 버드나무 껍질을 빻아서 가루로 만들었다. 실험 결과 그동안 에드워드를 괴롭히던 학질 증상이 완화되었고, 그는 1763년 4월 25일 영국왕립협회에 서신을 보내 이 사실을 알렸다. 에드워드는 이후 5년간 열병에 시달리는 50여 명의 사람에게 버드나무 껍질로 만든 가루약을 나눠주며 임상 시험을 진행했고, 이 덕에 많은 사람이 고통에서 해방되었다.

　1828년 드디어 버드나무 껍질 속 치료 성분의 정체가 밝혀졌다. 독일의 약사 요한 부크너가 버드나무 껍질 속에서 노란 결정의 약효 성분을 추출하는 데 성공한 것이다. 요한은 이 성분에 살리신 Salicin이라는 이름을 붙였다. 1년 뒤 프랑스 약사, 피에르 조지프 르루가 이를 좀 더 개선시켰다. 1838년에는 이탈리아의 화학자 라파엘 피리아가 살리신에서 더 강한 화합물을 추출하는 데 성공했다. 라파엘은 자신이 추출한 화합물의 성분을 살리실산Salicylic acid이라 불렀다.

　버드나무 껍질 속 약효 성분인 살리실산은 해열 효과가 뛰어난 한편, 이명과 구토를 유발하고 위장장애를 일으키는 등의 부작용이 심했다. 과학자들은 부작용을 없애기 위해 열심히 연구했다. 그러다 1853년 프랑스 화학자 샤를 프레데리크 게르하르트가 살리실산에 아세틸기Acetyl group라는 화합물을 결합하면 부작용이 줄어든다는 사실을 발견했다. 아스피린의 주성분인 아세틸살리실산Acetylsalicylic acid이 탄생한 것이다.

처음 만들어진 아세틸살리실산은 안정적이지 않아서 상용화되지 못했다. 그렇지만 아세틸살리실산을 더 효과적으로 합성하기 위한 연구는 여러 사람에 의해 지속되었다. 그중 1890년대 독일의 작은 제약회사 바이엘Bayer사에 신입 연구원으로 근무하던 펠릭스 호프만Felix Hoffmann(1868~1946)이 있었다.

펠릭스의 아버지는 류마티즘성 관절염으로 오랫동안 고생 중이었고, 통증을 줄이기 위해 복용하던 살리실산나트륨 때문에 위장 장애 등의 부작용에 시달리고 있었다. 펠릭스는 아버지를 위해 밤새워가며 아세틸살리실산의 안정적인 합성 방법을 연구했다. 열정적인 연구 끝에 1897년 8월 마침내 순수하고 안정된 아세틸살리실산의 합성에 성공했다. 임상 시험으로 통증 완화의 효능을 확인한 바이엘사는 1898년 본격적인 의약품 생산을 시작했다. 펠릭스는 아버지에게 자기가 개발한 아스피린을 복용시켰는데, 그날 밤 아버지는 간만에 고통 없이 깊이 잠들었다고 한다.

⟶≫ 전 세계에서 통하는 진통제의 대명사

펠릭스가 개발한 아세틸살리실산 의약품에는 아세틸 Acetyl에서 'A', 스피라에아 울마리아Spiraea Ulmaria라는 식물에서 'SPIR'을 가져온 다음 마지막으로 접미사 'IN'을 붙였다. 아스피린 ASPIRIN이라는 이름이 지어진 것이다. 아스피린 이후 등장한 많은 짝퉁들과 차별성을 두기 위해 바이엘사는 1914년 일정량을 알약 형태로 정제·제조하기 시작했다. 적당량 복용하려면 무게를 달아야만 하던 가루약 형태의 초기 아스피린과 달리 알약 형태는 이런 과정 없이 훨씬 먹기 편하다는 장점도 있었다.

1918년 스페인 독감으로 인해 전 세계적으로 무려 5,000만 명이

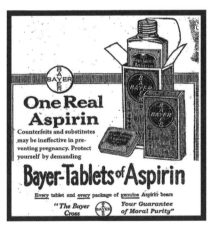

바이엘사 아스피린 광고 포스터

목숨을 잃었다. 이때 아스피린이 통증 완화에 도움이 된다는 사실이 알려지면서 판매량은 2배로 급증했다. 대표적인 진통 소염제로 인정받은 아스피린은 1950년 전 세계에서 가장 많이 판매된 진통제로 기네스북에 등재되었다. 1969년에는 인류 최초로 달 착륙에 성공한 아폴로 11호의 상비약 리스트에 들어갈 만큼 그 효능을 인정받았지만, 이때까지도 아세틸살리실산이 인체에서 어떻게 작용하여 통증이 완화되는지는 알 수 없었다.

아세틸살리실산의 기전을 밝혀낸 것은 영국의 약리학자 존 로버트 베인John Robert Vane(1927~2004) 교수다. 그는 1971년 아세틸살리실산이 인체에서 어떻게 작용되는지 연구하던 중 아세틸살리실산이 시클로옥시게나아제Cyclooxygenae라는 효소에 작용한다는 사실을 발견했다. 일반적으로 인체에 염증이 생기면 시클로옥시게나아제 효소가 염증을 촉진하여 프로스타글란딘Prostaglandin이라는 물질이 만들어지는데, 이 물질이 체내에 통증과 발열을 일으킨다. 이럴 때 아세틸살리실산을 복용하면 시클로옥시게나아제의 프로스타글란딘 생성이 억제된다. 이로써 발열과 통증이 완화된다는 사실을 과학적인 논리로 풀어낸 것이다. 존은 이 공로를 인정받아 1982년 노벨 생리의학상을 받았다.

한편 1970년대에는 아세틸살리실산의 또 다른 효능이 과학적으로 증명되었다. 앞서 설명한 시클로옥시나아제라는 효소는 위산

분비를 억제하는 COX1과 혈액 응고를 돕는 COX2, 이렇게 두 가지 종류로 나뉜다. 이에 아스피린을 복용하면 시클로옥시나아제의 작용이 억제되면서 위장 장애가 발생할 수도 있고, 혈액 응고 기능도 떨어진다. 그런데 COX2 억제로 혈액 응고 기능을 떨어뜨리는 것이 한편으로 심장병 치료에 도움이 될 수도 있다는 가능성이 밝혀진 것이다.

1980년대 심근경색 의심 환자에게 30일간 매일 아스피린을 160mg씩 복용하도록 한 임상 시험 결과 심장 근육 손상이나 사망 위험성을 낮출 수 있다는 사실이 밝혀졌다. 이후 심혈관과 관련된 여러 임상 시험 끝에 1988년 저용량 아스피린도 출시되었다. 아스피린은 출시된 지 무려 120년이나 되었지만, 여전히 많은 사람이 연구하고 있으며 매년 새로운 효능 또한 밝혀지고 있다.

AND SO ON

아무리 좋은 약도 남용은 금물
미국의 전 대통령인 도널드 트럼프도 심장병 예방을 위해 매일 어린이용 아스피린을 먹는다고 알려져 있다. 하지만 심혈관 관련 병력이 없는 사람이 예방 목적으로 아스피린을 장기 복용할 경우, 오히려 위와 뇌에 출혈을 일으킬 수 있다. 미국 식품의약처 FDA가 "아스피린은 만병통치약이 아니다"라고 경고하는 이유다.

023

活命水

활명수 1897년

국내 최초의 브랜드에서 만든 최초의 제품

다양한 국내 '최초' 타이틀을 보유하고 있는 제약 회사가 있다. 최초의 브랜드, 최초의 제약 회사, 최초의 양약 개발, 최초의 상표 등록 등 화려한 이력을 가지고 있는 곳, 바로 동화약품이다. 이곳에서 만든 최초의 제품은 무엇일까? 바로 사람을 살리는 물이었다.

"과식으로 죽어가던
조선인을 음료로 살리다."

—≫   **국내 최초의 브랜드,
동화약방**

1880년대 한양을 찾아온 영국인 여행가 이사벨라 버드 비숍은 조선을 둘러보고 깜짝 놀랐다. 이사벨라를 놀래킨 것은 조선인들의 먹성이었다.

"조선 사람들은 보통 한 사람이 3~4인분을 먹어 치우고 4명이 앉으면 과일 20~25개가 사라지는 일이 다반사였다."

그 시절 조선의 성인 남자가 먹은 밥의 양은 7홉 정도로, 1홉이 180ml다. 7홉이면 1,260ml나 된다. 그러다 보니 급체, 구토, 설사 등 토사곽란으로 목숨 잃는 사람이 많았다.

고종 황제 당시 궁중 선전관이던 민병호閔竝浩는 이처럼 고통받는 민중의 모습에 안타까워했다. 선전관은 지금의 대통령 비서관 정도 되는 직책인데, 이 직책 덕분에 민병호는 궁중에서만 사용하던 생약 비방을 어깨 너머로 배울 수 있었다. 기독교 신자였기 때문에 서양 선교사들로부터 서양 의학도 배웠다.

　민병호는 선전관직을 사임하고, 1897년 아들 민강과 함께 한성부 서소문 차동, 지금의 서울특별시중구 순화동 5번지 위치에 동화약방을 열었다. 죽어가는 민중을 살리기 위해 궁중 생약 비방과 서양 의학을 접목시켜 개발한 새로운 물약을 판매하기 위해서였다. 이 물약이 바로 활명수活命水다. 활명수란 이름은 '생명을 살리는 물'이라는 뜻으로 지었다.

초기의 활명수

부채표 활명수 상표등록증

활명수는 이때부터 사람들에게 '만병통치약'으로 불리며 불티나게 팔렸다. 1910년대 활명수는 60㎖ 한 병에 50전 정도였다. 당시 설렁탕 두 그릇에 막걸리 두세 잔 사먹을 수 있을 정도로 비싼 가격이었음에도 활명수는 날개 돋친 듯 팔리는 대박 상품이었다. 그러자 회생수, 소생수, 보명수, 활명회생수 등 유사 제품들이 쏟아졌다. 동화약방은 이 문제를 해결하기 위한 묘책으로 1910년 8월 15일 '부채표 활명수'의 상표 등록을 했다. 이것이 국내 최초의 상표 등록이다. 그렇게 부채표는 공식적인 활명수의 상징이 되어 지금까지도 사용된다. 1919년에는 '활명액'에 대한 상표 등록도 했다. 새로운 상품을 만들어서가 아니라 혹시 모를 유사 상표의 등록을 막기 위해서였다.

─→≫ 생명을 살리는 물로 나라를 구하다

동화약방 설립자 민강은 독립운동가였다. 그는 국운이 기울던 1909년 안희제, 김홍량, 김동삼, 오상근 등 80여 명과 함께 대동청년단을 조직하여 활동했다. 1910년 본격적으로 경술국치 國權被奪가 시작되자 민강은 남대문 밖에 소의학교를 세워 후세 교육에 힘을 쏟았다. 당시 동화약방의 가장 중요한 역할 중 하나는 상해 임시정부와 비밀리에 연락하던 '서울연통부' 사무실이었다.

1920년대에는 활명수 판매 수익의 일부를 임시정부 운영 자금으로 지원했다. 당시 일제의 철저한 감시 때문에 현금을 전달하기 어려워지자 민강은 활명수를 만주로 보내기로 결정했다. 만주 현지에서 직접 활명수를 팔아 현금을 마련하여 임시정부 운영비로 사용하면 좋겠다고 생각한 것이다. 활명수는 만주에서도 아주 잘 팔렸고 이 수익금은 독립운동에 큰 도움이 되었다.

1919년 11월 민강은 고종의 아들 이강李堈을 상해임시정부에 참여시키기 위한 망명 계획을 추진했다. 이것이 일본 경찰에 발각되면서 체포당해 1년 6개월간의 옥고를 치러야 했다. 출옥 후에도 후세 교육에 힘쓰며 항일 투쟁을 이어갔다. 하지만 다시 일본 경찰에 체포된 민강은 1931년 옥중에서 순국했다.

민강이 세상을 떠나자 동화약방의 경영도 점차 어려워졌다. 1만 원이 현 시세로 1억 원 정도 되던 1936년 당시 동화약방의 매출은 4만 3,000원 정도였는데 부채가 무려 8만 원이었다. 파산 위기에 처한 동화약품을 구제한 것은 또 다른 독립운동가 보당 윤창식保堂 尹昶植(1890~1963)이었다. 동화약방을 인수한 윤창식은 회사가 어려워지면 나라를 구하기도 어려워진다고 생각했다. 재건을 위해 전문 경영인까지 영입하고, 사규도 제정하는 등 체계적인 경영을 시도한 윤창식의 진두지휘 아래 활명수는 고속 성장했다. 1937년 7월에는 만주국에 정식 특허까지 출원하면서 국내 최초의 해외 상표 등록 제품이 되었다.

⟶≫ 진짜 원조가 되기 위한
브랜드 경쟁

1945년 8월 15일 대한민국은 광복을 맞이했지만, 5년 만인 1950년 6월 25일 북한 공산군의 남침으로 한국전쟁이 시작되었다. 동화약방은 전쟁으로 인해 한반도 북부와 만주국 시장을 잃었다. 서울 순화동의 공장마저 완전히 파괴되면서 또다시 맞이한 위기 상황에서 윤창식은 약품을 팔아 남긴 이윤을 모두 사업에 재투자하며 회사를 회복시키고자 최선을 다했다. 전쟁이 끝나고 회사가 어느 정도 안정된 1962년에는 동화약방이라는 상호를 동화약품同和藥品 공업주식회사로 변경했다.

1965년 활명수 앞에 엄청난 적수가 등장했다. 삼성제약三省製藥에서 만든 까스명수였다. 콜라나 사이다 같은 탄산의 청량감을 즐기는 사람이 많아지면서 액상 소화제에 탄산을 주입한 까스명수는 큰 인기를 끌었다. 급기야 활명수를 제치고 판매율 1위를 차지했다. 하는 수 없이 동화약품도 활명수에 탄산을 넣기로 결정했다. 그렇게 2년간의 연구 끝에 1967년 까스활명수가 출시되었다. '까스활명수 대 까스명수'의 대결 구도가 만들진 순간이었다. 까스명수는 까스활명수가 출시되자 자신들이 적어도 탄산소화제에서는 원조라는 점을 강조했다.

"까스명수를 사실 때는 왕관표를 확인하셔요."

이렇게 왕관표를 상징으로 내세우며 광고했다. 가격도 20원으로 활명수와 같았는데 30원으로 올리며 프리미엄 브랜드 전략을 내세웠다.

"30원이 아닌 것은 까스명수가 아닙니다!"

이렇게도 홍보했다. 그럼에도 70년 역사와 전통을 자랑하던 '활명수'의 브랜드 파워 덕분인지 까스활명수는 출시 2년 만에 다시 1위를 쟁탈했다. 시간이 흘러 1990년대 동화약품에서는 1960년대 후반 까스명수의 카피와 비슷한 희대의 광고를 제작한다.

"부채표가 아닌 것은 활명수가 아닙니다."

의도적으로 까스명수와 비슷한 카피를 쓴 것인지는 알 수 없지만, 어쨌든 이 광고는 까스활명수를 확실하게 브랜딩했다.

이후에도 생각지 못한 변수가 있었다. 2011년 정부가 의약외품으로 지정된 소화제나 감기약 중 일부를 편의점이나 마트에서 판매할 수 있도록 허가한 것이다. 이때 까스명수는 의약외품으로 분류된 반면, 현호색이라는 약초가 들어간 까스활명수는 의약품으로 분류되었다. 마트와 편의점에 까스명수만 입점하자 동화약품은 재빨리 편의점에서 판매 가능한 까스활을 만들어 까스명수를 견제했다. 까스활은 약국이 영업하지 않는 밤 10시부터 새벽까지 상당히 많이 팔렸고, 현재 전체 활명수 매출의 30%를 차지한다고 한다.

국내 최초의 기록들
동화약품은 국내 최초의 브랜드인 만큼 다양한 국내 최초 기록을 가지고 있다. 한국 기네스북에도 국내에서 가장 오래된 제조 회사, 가장 오래된 제약 회사, 국내 최초의 상표 등록, 국내 최초의 등록 상품까지 4개 부문에 등재되었다. 국내 최초로 해외 상표 등록도 했다. 해외 상표 등록 시 만주국에 안동 지점을 개설하면서 국내 최초 여성 해외 지점장인 장금산 약사를 임명하기도 했다. 1978년에는 국내 최초로 생산직 전 사원 월급제를 도입했는데, 사무직과 생산직 근로자 사이의 차별 문제를 해소하고 모든 직원을 동등하게 대우하겠다는 취지였다.

024

Ford

포드 **1903년**

자동차의 대중화를 이끌어낸 브랜드

초기의 자동차는 부유층만 구입 가능한 값비싼 사치품이었다. 장인들이 수작업으로 만드는 데다가, 유지 비용 또한 만만치 않았기 때문에 서민들은 자동차 사는 건 꿈꾸기도 어려웠다. 이렇게 고가이던 자동차를 오늘날처럼 대중에게 안긴 이가 누구일까? 바로 포드의 창립자, 헨리 포드다.

"5%가 아니라 95%를 위한 자동차를 만들다."

——» **말보다 빠른
이동수단을 꿈꾸다**

미국 미시간주 디어본에는 윌리엄 포드와 메리 포드 부부가 농사를 지으며 살고 있었다. 이들 사이에는 자녀가 다섯이 있었는데, 그중 첫째가 헨리 포드^{Henry Ford}(1863~1947)였다. 어느 곳에서나 생계 때문에 고된 육체노동을 해야만 하던 시절, 어린 헨리는 주로 이런 고민을 했다.

'어떻게 하면 일을 좀 더 쉽게 할 수 있을까?'

그러던 1875년의 어느 날 헨리는 아버지로부터 회중시계를 선물로 받았다. 호기심 많던 헨리는 그 시계를 분해하고 조립하기를

니콜스 앤 셰퍼드사의 트랙터

반복하며 시계의 작동 원리를 자연스럽게 이해했다. 그 덕분에 12
살에 '시계 박사'라는 별명을 얻고 친구나 주변 이웃에게서 자주
시계 수리를 부탁받았다.

　같은 해 헨리는 아버지와 함께 마차를 타고 가던 중 니콜스 앤
셰퍼드사에서 만든 트랙터를 보았다. 이 트랙터는 마차처럼 생긴
차체 위에 증기보일러가 올라가 있고, 엔진과 뒷바퀴가 체인으로
연결되어 자동으로 움직였다. 헨리는 트랙터가 움직이는 모습이
너무 신기한 나머지 마차에서 뛰어내려서 한참 구경했다. 아버지
에게 회중시계를 선물 받은 일과 트랙터 엔진 작동을 목격한 일은
헨리의 인생에서 큰 터닝포인트가 되었다.

　1876년 헨리가 13살이던 해, 그의 어머니가 지병으로 갑자기 위
독해졌다. 헨리는 이웃 마을의 의사를 데려오려고 말을 타고 힘

껏 달렸지만, 의사와 함께 집에 도착했을 때 어머니는 이미 세상을 떠난 뒤였다. 일을 겪고 헨리는 '말보다 빠른 것을 만들고 말겠어!'라고 결심했다.

──≫ 모든 사람이 탈 수 있는 저렴한 이동수단

기계공이 되겠다고 결심한 헨리는 16살 때 아버지의 허락도 받지 않은 채 집을 나왔다. 미시간주에서 가장 큰 도시 중 하나인 디트로이트에서 선박 엔진을 만들던 회사 드라이 도크 엔진 워크스의 견습생으로 일했다. 그는 3년으로 정해진 견습공 기간이 채 끝나기 전에 기계공 자격을 얻을 만큼 소질이 있었다. 정교한 작업을 어찌나 좋아했던지 밤에는 시계방에서 시계 수리까지 겸했을 정도였다.

이후 발명왕 에디슨의 최대 라이벌이었던 조지 웨스팅하우스가 세운 웨스팅하우스 컴퍼니에 들어간 헨리는 어릴 적부터 흥미로워하던 니콜스 앤 셰퍼드의 트랙터 같은 자동차를 제작하거나 수리했다.

'진정한 기계공이라면 기계가 어떻게 만들어지는지 거의 모든 것을 알아야 한다.'

그는 이런 생각으로 자동차의 작은 부속품까지 하나하나 세세

하게 분석했다.

대기업인 웨스팅하우스의 자동차라고 해도 이 무렵에는 연비가 좋지 않아 주로 무거운 짐을 옮기거나 농장에서 탈곡할 때나 사용되었다. 헨리는 자동으로 움직이는 트랙터의 엔진 기술을 마차에 적용하면 말이 없는 마차도 만들 수 있겠다고 생각했지만, 그때까지만 해도 트랙터가 너무 비싼 장비인 터라 돈 많은 농장 주인들이나 사용할 수 있었다.

헨리는 모든 사람이 살 수 있는 저렴한 자동차를 만들어야겠다고 마음먹었다. 이에 값싼 자동차를 만들기 위해 회사를 다니면서도 별도의 개인 작업실에서 꾸준히 다양한 실험을 했다. 노력 끝에 마침내 증기자동차를 만드는 데 성공했으나, 헨리의 증기자동차에는 딜레마가 있었다. 등유로 작동하는 증기보일러와 증기조절기 등으로 만든 자동차는 크고 무거운 발동기 없이 작동했기에 무게를 낮출 수 있었지만, 증기보일러에 높은 압력이 가해지다 보니 여러 가지 사고의 위험이 있었다. 보일러를 안정적으로 탑재하려면 차체를 무겁게 해야만 했는데, 그러면 자동차 원가가 높아질 뿐 아니라 연비도 나빠졌다.

아무리 고민해도 증기보일러로는 값싼 자동차를 만들 수 없자 헨리는 더 이상 웨스팅하우스사에 있을 이유가 없다며 퇴사해버렸다.

⟶» 자동차는 역시 증기보다
가솔린이지!

헨리는 자동차를 움직이기 위한 다른 방법을 모색했다. 그러던 어느 날 그에게 오토 엔진Otto engine이라는 가솔린 엔진 수리 의뢰가 들어왔다. 실물로는 처음 봤지만, 과거 오토 엔진에 대한 글을 읽어 작동 원리를 이해하고 있었기에 성공적으로 수리할 수 있었다. 이때부터 헨리는 가솔린 엔진에 관심이 생겼다. 1887년에는 본인이 가솔린 엔진의 원리를 잘 이해하고 있는지 확인하기 위해 4행정 가솔린 엔진 모형을 직접 만들기까지 했다. 4행정 가솔린 엔진은 연료와 공기가 섞인 혼합기를 흡입하고 압축된 혼합기를 폭발시킴으로써 연소된 가스를 배출한 다음 다시 연료와 공기를 흡입하는 과정을 순환 작동시키는 방식으로 움직였는데, 헨리가 만든

쿼드리사이클에 타고 있는 헨리 포드

모형은 아주 성공적으로 작동했다.

1891년 헨리는 디트로이트에 있던 제너럴 일렉트릭 컴퍼니 General Electric Company로부터 기계공으로 일해달라는 제의를 받았다. 헨리는 낮 동안 일렉트릭 컴퍼니에서 일하고, 밤에는 계속 엔진을 연구했다. 이러한 노력 끝에 1896년 첫 번째 가솔린 자동차, 쿼드리사이클Quadricycle을 만드는 데 성공했다.

'네 바퀴 자전거'란 뜻을 지닌 쿼드리사이클은 2개의 실린더로 4마력 정도의 동력을 만들어내는 엔진을 탑재했고, 시속 16km, 34km의 두 가지 속도 설정이 가능하지만 후진은 불가능한 2인승 자동차였다. 바퀴는 28인치 자전거 바퀴 4개를 사용했고, 자동차 제작에 필요한 몇몇 장치는 헨리가 직접 만들었다.

몇 달간 시운전하며 자동차를 조율한 헨리는 다음 해 봄에 엔진의 발열 등을 해결하여 스스로 만족할 만한 수준의 자동차를 완성했다. 세계 최초의 가솔린 자동차는 메르세데스-벤츠Mercedes-Benz의 창립자 카를 프리드리히 벤츠가 1886년에 발명한 페이턴트 모터바겐이었지만, 미국 디트로이트에서는 헨리의 쿼드리사이클이 최초의 자동차이자 그 지역의 유일한 자동차였다.

헨리는 2년간 이 자동차로 약 1,600km 정도의 거리를 운전했다. 이 2년간 쿼드리사이클은 디트로이트의 골칫거리였다. 시끄러운 엔진 소리에 지나가던 마차의 말이 놀라서 문제가 생기는 것은 약과였다. 어디를 가나 사람들이 몰려들어 자동차를 구경했고, 잠시라도 자동차를 비우면 운전해보고 싶은 누군가가 무단으로 타는 바람에 주차할 때마다 차를 쇠사슬로 묶어두어야만 했다. 디트로이트 시장은 이런저런 문제를 해결하기 위해 헨리에게 자동차 운전을 허가하는 특별한 증서를 만들어 주었다. 이로써 헨리는 당시 미국에서 유일한 운전면허 소유자가 될 수 있었다.

헨리의 진정한 목표는 자동차의 대량 생산이었다. 그러려면 대량 생산하기에 알맞은 자동차 모델을 만들어야 했고 그만큼의 자본도 필요했다. 때마침 디트로이트시에 살던 찰스 에인슬리라는 사람이 쿼드리사이클을 사고 싶다며 나타났다. 헨리는 쿼드리사이클을 200달러에 팔고 그 돈으로 새로운 자동차 개발을 시작했다. 이후 그는 첫 번째 자동차인 쿼드리사이클보다 좀 더 가볍고 성능도 향상시킨 두 번째, 세 번째 자동차를 만들어냈다.

헨리는 자동차 연구를 계속하면서 동시에 회사도 성실하게 다녔다. 그러던 1899년 어느 날 회사로부터 총감독을 맡아달라는 제안을 받았다. 단, 그가 별도로 진행하던 자동차 개발을 포기하고 회사 일에만 전념해달라는 조건이 붙었다.

'자동차냐 회사냐, 그것이 문제로다.' 둘 중 하나만 선택해야 하는 상황에 놓인 헨리는 고민에 빠졌다. 애초에 자동차가 없던 시대라 자동차에 대한 수요 자체가 없었기 때문이다. 그럼에도 불구하고 말 없는 마차, 값싼 자동차를 만들겠다는 열정으로 헨리는 회사에 사표를 던졌다. 그리고 본격적으로 자동차 사업을 시작했다.

⟶» 자동차 홍보는 레이스 우승이 최고

1899년 헨리는 투자자들을 모아 디트로이트 오토모바일 컴퍼니Detroit Automobile Company라는 회사를 설립했다. 그리고 자신의 첫 번째 자동차 쿼드리사이클을 모델로 한 자동차를 생산하기 시작했다. 사람들의 인식이 '말 없는 마차가 가능해?'에서 '오호, 가능하긴 하구나!'로 바뀌어가는 시기였다. 헨리는 자동차가 일상을 비약적으로 편리하게 바꿔줄 것이라 믿으며, 대중적으로 발전하기를 바랐다. 하지만 이런 헨리의 바람은 자동차에 관심 있는 부유한 사람들이 어느 차가 가장 빠른지에만 주목하면서 어긋나기 시작했다. 자동차가 상용화되기도 전에 자동차 경주 문화가 먼저 생겨 버린 것이다.

시장의 원리에 따라 자본은 더 빠른 자동차를 만드는 데만 집중되었다. 투자자들은 더욱더 빠른 자동차를 원했고, 이렇게 제작된 자동차들을 비싼 가격에 팔아 이윤을 남기려 들었다. 헨리는 대중이 편하게 이용할 만한 자동차를 만들고 싶었지만, 3년 동안 자동차를 계속 만들면서도 그런 방향으로는 전혀 지원받지 못했다. 자동차 경주에서 우승한, 즉 가장 빠른 자동차 외에는 몽땅 무시당하는 분위기도 이런 상황에 일조했다.

당시 미국 자동차 경주 챔피언은 알렉산더 윈튼Alexander Winton이라는 기계공이었다. '불렛'Bullet이란 이름의 자동차를 몰았는데, 실력을 인정받은 덕에 그의 자동차 회사 또한 제법 잘나갔다. 헨리는 자신의 자동차 관심도를 높이기 위해 가장 빠른 자동차를 만들고 직접 경주에 참여해 우승해야겠다고 결심했다. 자동차의 모든 원리를 이해하고 있던 헨리는 기존에 자신이 만들어온 것보다 더욱 압축된 방식의 자동차 엔진을 제작했다. 실험 결과 이전보다 빠른 속도인 시속 115km까지 달릴 수 있었다. 지금이야 시속 115km은 기본이지만, 당시에는 어마어마하게 빠른 속도였다. 그렇게 자신감을 얻은 헨리는 알렉산더 윈튼에게 도전장을 내밀었다.

1901년 10월 미시간주의 그로스포인트 경기장에서 챔피언 알렉산더 윈튼과 도전자 헨리 포드의 자동차 경주가 열렸다. 경기가 시작되자 배테랑 레이서인 알렉산더가 250m 정도의 격차를 벌리며 크게 앞서갔다. 헨리는 점차 안정감을 찾으며 알렉산더를 바짝 쫓았다. 그런데 헨리의 추격 때문에 무리한 탓인지 알렉산더의 자동차에 기계적인 문제가 발생했다. 그 틈을 타 헨리는 알렉산더를 따라잡고 경주에서 승리했다.

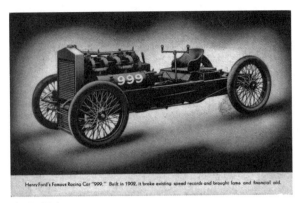

Henry Ford's Famous Racing Car "999." Built in 1902, it broke existing speed records and brought fame and financial aid.

경주용 자동차 999

'챔피언 알렉산더를 이긴 헨리!'

자동차 경주는 엄청난 광고 효과를 가져왔다. 많은 사람이 헨리의 자동차에 관심을 갖고 투자하려 줄을 섰다. 헨리는 경험상 외부에서 투자를 받으면, 수익을 높이라며 압박당하리라는 사실을 알고 있었다. 그러다 보면 돈 되는 분야에만 집중하게 될 테니 진심으로 하고 싶은 대중적인 자동차 만들기가 힘들 것이 뻔했다. 이 같은 결론을 내린 헨리는 1902년 3월 오토모바일 컴퍼니에 사표를 던지고 나왔다. 참고로 오토모바일 컴퍼니는 이후 헨리 마틴 릴랜드라는 기계공에게 인수되는데 이곳이 바로 럭셔리 자동차 브랜드 중 하나인 캐딜락Cadillac이 된다.

헨리는 작업실을 하나 얻고 계속 자동차 연구를 이어갔다. 그러면서 자신의 자동차를 홍보하기 위해 경주에도 계속 출전했는데, 1903년에는 오직 스피드만을 위한 경주용 자동차 '999'를 만들었다. 아주 큰 실린더 4개가 달린 엔진이 설치된 이 자동차는 무려 시속 128km 정도의 속도로 달릴 수 있었다. '999'의 첫 경주는 무려 800m의 격차로 1등을 차지했고 헨리는 세계에서 가장 빠른 자동차를 만드는 사람으로 유명해졌다.

──» 누구나 부담 없이
탈 수 있는 최초의 자동차

엄청난 인지도가 쌓인 헨리는 이제 투자를 조금 받더라도 원하는 자동차를 만들 수 있으리라 생각했다. 이에 1903년 6월 자신의 지분 25.5%를 포함한 자본금 10만 달러로 포드 모터 컴퍼니Ford Motor Company를 설립하고, 첫 번째 자동차 포드 모델A를 출시했다. 포드 모델A는 기본적으로 2인승 자동차로 800달러의 비교적 저렴한 가격으로 판매되었다.

시카고의 어느 치과 의사에게 첫 판매된 포드 모델A는 1904년까지 무려 1,750대의 차량이 팔릴 정도로 아주 성공적으로 자리잡았다. 포드 모터 컴퍼니는 양산형 차뿐만 아니라 포드 모델B나 포드 모델F와 같이 제법 비싼 투어링 카Touring car도 출시했으나, 투자자들은 어느 순간부터 비싼 차만 팔기를 원했다. 회사의 지배 지분을 확보하지 못하면 이전처럼 투자자들에게 끌려다닐 것이라

직감한 헨리는 1906년 지금까지 번 돈을 다 투자해 58.5%까지 지분을 끌어올렸다. 그러곤 비싼 투어링 카 생산을 완전히 중지하는 과감한 결단을 내렸다. 보급형 자동차를 만들겠다는 헨리의 꿈은 확고했다.

1908년 8월 12일 헨리는 그토록 원하던 보급형 자동차, 포드 모델T를 세상에 선보였다. 전문 레이서가 아닌 일반인들도 쉽게 운전할 수 있는 방식으로 설계된 자동차였다. 차체에는 가벼우면서도 내구성이 좋은 바나듐강이란 재료가 쓰였다. 바나듐강 덕분에 차체의 무게가 줄어들어 연료의 효율성도 높았다.

기본 가격이 850달러인 포드 모델T는 판매 며칠 만에 1만 5,000대의 주문이 들어올 정도로 성공적이었다. 첫해 6,181대가, 다음 해에는 무려 1만 607대나 팔리면서 포드 모터 컴퍼니는 말 그대로 초대박이 났다. 포드의 자동차가 잘 팔리자 영업 사원들은 다양한 모델을 만들면 매출이 더 올라갈 것이라 주장했다. 이때 헨리는 충격 발언을 했다.

"우리는 앞으로 한 가지 모델만 생산할 것입니다. 그건 바로 포드 모델T입니다."

많은 사람이 이런 결정으로 인해 곧 포드 모터 컴퍼니가 망할 것이라고 수군거렸지만, 헨리는 아랑곳하지 않았다. 오히려 늘어날 판매량에 대비해 엄청난 규모의 공장을 지을 계획까지 세웠다.

헨리의 예상은 적중했다. 실제로 1910년에는 전년도보다 훨씬 더 많은 1만 8,664대의 차량이 판매되었다.

──≫ 생산의 패러다임을 바꾼 제품성

1910년 미시간주 맨체스터 애비뉴에는 당시 기준으로 세계에서 가장 큰 공장인 하이랜드 파크 포드 공장이 완공되었다. 이후 새로운 공장이 가동되면서 공장의 생산 효율이 올라가자 헨리는 포드 모델T의 가격을 780달러로 내렸다. 낮아진 가격 덕인지 1911년에는 3만 4,528대의 차량을 판매하는 엄청난 기록을 세웠다.

헨리는 세상에 없었던 보급형 자동차를 만들고 있었지만, 비교적 저렴하다고 해도 780달러는 결코 적은 비용은 아니었다. 헨리는 가격을 더 낮추기 위해 생산의 효율성을 높일 방법이 없을까 고민했다. 그러다 시카고의 육가공 공장에서 도축 작업을 할 때 천장에 소를 매달고 이동하는 천장형 레일을 떠올렸다.

'움직이는 조립 라인이라…….' 여기에서 아이디어를 착안한 헨리는 자동차 부품 중 하나를 선택해 실험을 했다. 이 부품은 1명의 작업자가 9시간 동안 35~40개 정도 만들 수 있었는데, 계산해보면 작업자 1명이 부품 1개를 만드는 데 약 20분 정도 소요되었다. 헨리는 부품 하나를 조립할 때 필요한 과정을 세밀하게 나눈 뒤, 작업자들은 제자리에 서 있고 부품이 컨베이어 벨트 위에서 움직이는 조립 라인을 구상했다. 작업자는 불필요한 동작 없이 맡겨진 작업만 반복하면 됐다. 그 결과 부품 하나당 조립 시간이 13분 10초대로 단축되었다. 이후 적절한 조립대 높이와 속도를 찾는 실험을 반복한 결과 5분 만에 부품 하나를 만들 수 있었다.

움직이는 조립 라인이 효율적이라는 것을 체감한 헨리는 차량 조립 전체에 이 시스템을 도입했다. 기존 방식으로 자동차 차대를 조립할 경우 가장 빠른 속도가 12시간 28분이었다. 헨리는 도르래 장치로 줄에 묶인 차대가 이동하도록 세팅했는데 단순히 움직이는 조립 라인을 도입하는 것만으로도 시간이 크게 단축되었다. 조립대를 작업자의 키에 맞추는 등의 세부적인 요소를 조절하자 1시간 33분 만에 자동차 차대 하나가 완성되었다. 헨리의 작은 아이디어는 생산의 패러다임 자체를 완전히 바꿔놓았다.

1913년 10월 하이랜드 파크 포드 공장은 본격적으로 움직이는 조립 라인을 활용하여 자동차 생산을 시작했다. 혁신적인 생산 방식의 조립 라인은 노동자의 노동 시간을 단축시켰고, 생산 공정의 비용이 줄어드니 자동차의 가격도 무리 없이 낮출 수 있었다. 포드 모델T는 1917년 가격이 350달러까지 내려가 진정한 보급형 자동차가 될 수 있었다. 1918년에는 미국 자동차의 절반이 포드 모델T일 정도였다. 포드 모델T는 1927년까지 계속 생산되었다. 1923년에는 연간 167만 대가 생산됐고, 단종될 때까지의 누적 총생산량은 1,500만 대를 넘었다.

대량 생산으로 제품 가격을 낮추고 시장은 확대하면서 직원들의 임금 단가도 높여주는 것과 같은 포드의 효율적인 생산 시스템과 혁신적인 경영 방식을 포드의 이름에서 따와 포디즘Fordism, 즉 포드주의라고 한다. 포드의 혁신적인 경영으로 인해 높아진 노동자들의 임금이 소비로 다시 이어지자 '생산과 소비의 선순환'이 가능해졌다. 바야흐로 대량 생산, 대량 소비의 20세기가 열린 것이다.

AND SO ON

품질 우선을 외친 포드 자동차

차가 본격적으로 등장하기 전 주요 운송 수단은 마차였다. 이때부터 차체가 균일하게 단단한 마차가 좋은 마차라고 생각했다. 이는 어느 한 부분 유독 강하거나 약하면 쉽게 망가질 수 있기 때문이다. 헨리는 자신이 만드는 보급형 자동차 역시 쉽게 고장 나지 않아야 한다고 생각했다. 이에 "내가 만든 자동차 가운데 어느 것 하나라도 고장이 난다면 그것은 내 탓입니다"라는 슬로건을 내걸고 튼튼한 자동차를 만들기 위해 노력했다.

025

ROLLS-ROYCE

롤스로이스 1904년

재벌 회장님 차로 유명한 명품 차

모두가 갖고 싶어 하지만, 누구나 가질 수 없으면 '명품'이 된다. 자동차 중에도 명품 차가 있다. 바로 최고급 수공 자동차 브랜드인 롤스로이스다. 롤스로이스가 명품인 까닭은 세상에 단 1대뿐인 '나만을 위한 차'를 주문 제작할 수 있기 때문이다. 롤스로이스의 자동차에는 어떤 명예와 자부심이 담겨 있을까?

"롤스와 로이스가 만나 최고의 걸작을 만들다."

⟶≫ 가난하지만 천재적인 기계공

헨리 로이스Henry Royce(1863~1933)는 1863년 3월 27일 영국 알월턴에서 방앗간을 운영하는 가난한 가정에서 태어났다. 헨리가 어릴 때 로이스 가족은 런던으로 거처를 옮기게 되는데, 9살이 되던 해 아버지가 갑자기 세상을 떠나면서 어린 헨리는 신문을 팔거나 전보를 배달하며 힘들게 돈을 벌어야 했다. 어려운 가정 형편 탓에 헨리는 15살까지 학교를 겨우 1년 정도밖에 다니지 못했다.

헨리는 15살이 되던 해에 이모에게 재정적인 도움을 받아 피터버러에 있는 철도국에 견습생으로 들어가지만, 경제적인 어려움을 극복하지 못하고 3년 만에 그만둬야 했다. 그래도 이곳에서 증기기관차 제작에 참여하며 기계공의 경험을 쌓을 수 있었다. 이때의 경험 덕에 영국 웨스트요크셔주 리즈에 도구 제작회사를 거쳐 런던에 있던 일렉트릭 라이트 앤 파워 컴퍼니의 일자리까지 얻을 수 있었다. 헨리는 그곳에서 일하며 전기공학과 엔지니어링에 대해 배웠고, 이때 자신이 기계를 다루는 데 재능이 있다는 사실을 알게 된다.

그러던 1884년 헨리가 다니던 회사가 갑자기 문을 닫았다. 헨리는 이 위기를 기회로 삼기로 마음먹고 친구인 어니스트 클레어몽트와 FH 로이스 앤 코FH Royce&Co.라는 회사를 맨체스터에 설립했다. 주로 다른 회사 제품에 사용되는 필라멘트와 램프 소켓 등을 주문받아 생산하는 회사였다.

헨리는 안정적으로 사업을 운영하면서도 끊임없이 전기공학과 엔지니어링을 접목시킨 새로운 제품을 개발하려 노력했다. 집요한 노력 끝에 1894년 불꽃이 흩어지지 않는 안전한 발전기와 모터 개발에 성공한 뒤 이것으로 전기 크레인까지 개발했다. 증기나 수동 크레인에 비해 훨씬 편리한 전기 크레인 덕분에 헨리는 큰돈을 벌었지만, 오랫동안 심하게 과로한 탓에 건강이 악화되어 일선에서 잠시 물러나 요양을 가야 했다.

헨리는 요양 중에도 가만히 있지 못했다. 당시 부유층의 전유물이던 자동차에 관심이 생겨 프랑스제 10마력짜리 트윈 엔진이 장착된 드꼬비예Decauville 자동차를 한 대 구입했다. 드꼬비예 자동차는 잦은 고장을 일으키며 말썽을 부렸다. 여러 번 직접 수리하다가 참을성이 바닥난 헨리는 결국 직접 자동차를 만들기로 결심하고, 1904년 초 드꼬비예를 기반으로 자신의 첫 자동차 로이스 10을 만들어냈다. 로이스 10은 플랫헤드 직렬 2기통 1,800cc 엔진을 전방에 탑재하고 3단 변속기와 프로펠러 샤프트로 후륜 구동 방식이었다. 운전하기 쉬운 데다 매우 탄탄하면서도 부드럽고, 안정적인 주행 성능이 장점이었다.

⎯≫ **부유한**
기계광

찰스 스튜어트 롤스Charles Stewart Rolls (1877~1910)는 1877년 8월 27일에 런던 버클리 스퀘어에 살던 랑가톡 남작 1세와 랑가톡 부인의 셋째 아들로 태어났다. 쉽게 말해 영국의 대지주 귀족 가문의 자제였다. 런던에서 태어났지만 웨일스에서 자라난 찰스는 버크셔에 있는 예비 학교를 졸업한 뒤 영국 최고 명문인 이튼 칼리지에서 엔지니어링을 배웠다. 그는 뛰어난 기계공이 되고 싶은 마음에 1894년 케임브리지 트리니티 칼리지에 입학하여 기계 및 응용과학을 공부했다.

이 시기 찰스는 엔진에 관심이 생겼다. 이 관심은 자연스럽게 자동차에 대한 관심으로 이어졌다. 유럽 자동차 브랜드인 푸조 페이톤Peugeot Phaeton 자동차를 구하기 위해서 프랑스 파리까지 다녀올 정도였다. 어렵게 자동차를 영국으로 가져온 찰스는 웨일스 지역에서 처음으로 자동차를 소유한 3명 중 1명이 되었을 뿐만 아니라, 1897년에는 영국 자동차 클럽의 창립 회원이 되었다.

찰스는 특히 수입한 유럽 자동차를 뜯어 보는 걸 좋아했다. 그런 찰스에게 동료들은 항상 기름때가 묻어 있다며 '더러운 롤스Dirty Rolls' 라는 별명을 지어주었다. 또 그는 정비뿐만 아니라 운전도 잘해 1,000마일 자동차 경주에서 우승할 정도로 뛰어난 레이서이기도 했다. 1898년 케임브리지 대학교를 졸업한 후 증기요트 산타 마리아와 런던 노스웨스턴 철도에서 일하며 기계공 경력을 쌓아갔다.

1903년에는 아버지로부터 6,600파운드의 재정 지원을 받아 풀햄에 영국 최초의 자동차 대리점 중 하나인 C.S. 롤스 앤 코C.S. Rolls&Co.를 설립했다. 프랑스의 푸조와 벨기에의 미네르바 자동차를 수입 판매하던 찰스는 성능 좋은 영국제 자동차가 없음을 항상 안타까워했다. 그러던 그의 귀에 맨체스터에서 자동차를 만든 헨리에 대한 소식이 전해졌다.

───≫ **롤스와**
    로이스의 만남

FH 로이스 앤 코의 이사인 헨리 에드먼드^{Henry Edmond}는 찰스의 친구이기도 했다. 1904년 5월 4일 헨리 에드먼드의 소개로 찰스는 맨체스터의 미들랜드 호텔에서 헨리 로이스와 처음 만났다. 이날 헨리가 만든 로이스 10을 시승해본 찰스는 깜짝 놀랐다. 찰스는 원래 3~4기통 자동차를 선호했는데, 2기통밖에 안 되는 헨리의 자동차 성능이 놀라웠기 때문이다. 이에 1904년 12월 23일 헨리가 만든 모든 자동차를 찰스의 대리점이 독점 판매하는 계약을 체결했다. 헨리가 만든 자동차에는 '롤스'의 'R'과 '로이스'의 'R'을 겹쳐서 만든 '롤스로이스'^{RollsRoyce} 배지가 붙었다.

롤스로이스 10hp

롤스로이스 배지가 붙은 최초의 자동차는 롤스로이스 10hp다. 라디에이터Radiator 상단이 평평한 로이스 10과 달리 롤스로이스 10hp는 삼각형 지붕 형태로 디자인되었다. 롤스로이스의 상징인 로마 판테온 신전을 본뜬 라디에이터 그릴을 이 모델부터 볼 수 있다. 운전자 포함 2명의 탑승이 가능하고, 최대 시속 63km까지 달릴 수 있는 롤스로이스 10hp의 출시 당시 가격은 395파운드, 현재 화폐 가치로 5,323만 원이었다.

롤스로이스 10hp은 원래 20대 생산될 계획이었지만, 2기통 엔진이 시장에 적합하지 않다고 판단되어 16대만 생산되었다. 롤스로이스 10hp 외에도 3기통의 롤스로이스 15hp, 4기통의 롤스로이스 20hp, 6기통의 롤스로이스 30hp 총 다섯 가지 모델이 생산되었다.

이때까지 파트너십으로만 함께하던 두 사람은 점차 자동차 제조업의 사업성을 깨닫고, 1906년 3월 15일 두 사람의 이름을 딴 롤스로이스 리미티드Rolls-Royce LTD라는 회사를 설립한다. 그다음 맨체스터에 공장을 지으며 적극적으로 자동차 사업에 뛰어들었다. 독일에서 벤츠가, 미국에서 포드가 개발됐다면 영국에서는 롤스로이스가 등장한 셈이다.

⟶» 세계 최고의 차,
실버 고스트

헨리는 롤스로이스 30hp보다 출력이 더 좋은 6기통 모델을 개발하기 위해 노력했다. 이러한 노력은 1907년 런던 모터쇼에서 롤스로이스 40/50hp를 처음 공개하며 세상에 드러났다. 외관에 은빛 알루미늄 페인트가 칠해진 이 차에는 직렬 6기통 7,036cc 엔진과 3단 변속기가 탑재되었으며 최대 출력은 40마력, 최고 시속은 80km였다. 게다가 엔진의 크랭크축에는 무려 7개의 베어링이 설치되어 아주 부드럽게 움직였다. 밤에 소리 없이 부드럽게 달려오는 모습이 마치 은빛 유령처럼 보인다고 하여 실버 고스트 Silver Ghost라는 별명까지 얻었다. 롤스로이스는 이 별명을 모델 이름으로 사용했다.

롤스로이스 실버 고스트

당시 롤스로이스의 홍보 담당자 클라우드 존슨은 실버 고스트 광고에 다음 같은 문구를 사용했다.

"6기통 롤스로이스는 최고의 자동차 중 하나가 아닌 세계 최고의 자동차다."

롤스로이스 실버 고스트는 영국에서 발행된 최초의 자동차 잡지 〈오토카Auto Car〉에서 1907년 당시 '세계 최고의 차라는 찬사를 받은 모델'로 소개되기도 했다.

한편 영국 왕실 자동차 클럽은 내구성을 시험하는 경주를 개최했고, 이 경주에서 실버 고스트는 하루 12시간씩 5주 동안 무려 2만 4,135km를 고장 없이 달리는 기록을 세웠다. 이를 계기로 영국 왕실에서는 실버 고스트를 왕실 전용차로 선택했다. 롤스로이스는 지금까지도 영국 왕실의 의전 차량으로 사용된다.

──≫ **전쟁과**
롤스로이스 장갑차

제1차 세계대전이 일어나면서 롤스로이스는 영국 해군 항공대로부터 대공 및 수색 전용 장갑차를 만들어달라는 요청을 받았다. 이에 1914년 12월 실버 고스트의 차대와 엔진을 활용한 장갑차 3대를 만들어 납품했다. 이후 대량 생산된 롤스로이스 장갑차는 벨기에 해안의 영국 비행장 경비용으로도 사용되었다. 특히 오스만 제국 군대와 전선을 형성하던 중동 지역에서 아주 중요한 역할을 했다. 중동 지역에서 큰 활약을 펼친 토마스 에드워드 로렌스 중위는 이런 말도 남겼다.

"롤스로이스 장갑차는 루비보다 귀하다."

영국 정부는 롤스로이스에 장갑차뿐 아니라 항공 엔진 제조를 요청했다. 이에 1915년부터 항공기 엔진을 개발하기 시작하는데, 그들이 개발한 이글^{Eagle} 항공기 엔진은 영국의 비커스 비미^{Vickers} ^{Vimy} 폭격기에 탑재된다. 그리고 이 비커스 비미 폭격기는 1919년 세계 최초로 대서양을 한 번도 쉬지 않고 횡단하는 비행기로 기록된다. 이를 계기로 롤스로이스는 계속해서 항공기 엔진을 만들고 있으며 이 엔진은 지금까지도 에어버스^{Airbus}와 보잉^{Boeing} 등의 항공기 엔진으로 사용된다.

AND SO ON

장인 정신으로 만드는 수제 명품 차
롤스로이스는 오늘날까지도 많은 과정을 수제로 제작하는 자동차다. 고객 맞춤형 자동차이기 때문에 같은 모델이라도 가격이 천차만별이다. 모든 것이 주문 제작이다 보니 차량 1대를 제작하는 데 무려 3개월 이상 걸린다고 한다. 오랫동안 이어온 장인 정신 덕분에 롤스로이스는 지금도 명품 차로 인정받고 있다.

026

柳韓洋行

유한양행 1926년

유한양행

만병통치약으로 불리던 국민 연고

약이 귀한 시절, 아파도 제대로 치료받지 못하던 우리나라 국민들에게 만병통치약 대접을 받던 연고가 있다. 이 연고는 소염 진통제였지만, 만병통치약이라는 별명 때문에 사람들은 아픈 곳이면 어디든지 발랐다. 소화가 안 되면 배에 바르고, 코감기에 걸리면 코에 발랐다. 사용법은 잘못되었지만 그만큼 국민들의 신뢰와 사랑을 받았던 것은 틀림없다. 국민 연고로도 불리는 이 연고, 바로 유한양행의 안티푸라민이다.

"국민의 건강은 국력이니, 국민을 위한 약을 만들자."

——» 빼앗긴 들에서도
소년은 자란다

1904년 2월 8일 러시아와 일본이 조선의 지배권을 놓고 싸운 러일전쟁이 일어났다. 이때 평양에 살던 9살 꼬마아이, 유일한柳一韓(1895~1971)은 부모님의 권유로 미국 유학을 떠났다. 일한은 어린 나이에 홀로 낯선 곳에 보내졌지만, 빠른 속도로 영어를 배웠고 곧 서양인 친구들을 뛰어넘을 정도로 우수한 성적을 받았다.

5년이 지난 1909년 6월 14살이 된 일한은 독립운동가 박용만이 세운 한인 소년병 학교에 입학해 그곳에서 처음으로 우리 민족의 역사를 배웠다. 고조선에서 시작하여 고구려, 백제, 신라의 삼국 시대를 지나 고려와 조선으로 이어지는 수천 년의 역사를 배운 일한은 민족적 자긍심을 느끼는 동시에 왜 지금은 우리 민족이 이처럼 초라해졌는지 의문을 품었다.

한편 1910년 8월 29일 일본에 의해 대한제국의 국권이 상실되었다. 경술국치가 일어나자 평양에 살던 일한의 가족들은 모두 만주로 이사하며 편지로 일한에게 소식을 알렸다. 이 편지를 읽고, 일한은 일본에게 조국을 빼앗겼다는 사실을 깨달았다.

──» 나라를 빼앗긴 건 경제력 때문?

본디 조선에는 '사농공상士農工商'이라는 개념이 있었다. 선비, 농부, 장인, 상인의 순으로 귀천을 나누는 개념이었다. 상인들이 물건을 사고팔아 이윤을 남기는, 오로지 경제적 이익만을 추구하는 천한 존재라고 여겼기 때문이다. 일한은 조선이 일본에게 나라를 빼앗긴 이유가 상업을 천하게 여겼기 때문이며 상업이야말로 신뢰가 바탕이 되어야 할 수 있는 일이라고 생각했다. 즉 경제력이 모든 문제의 원인이라고 생각한 것이다. 이에 사업에 관심을 갖게 된 일한은 21살이 되던 1916년 미시간 주립대학교 상과계열에 입학하여 경영, 경제, 마케팅 관련 학문을 열심히 공부했다.

졸업 후 일한은 자신만의 사업을 하고 싶었지만, 사업 자금을 모으기 위해 우선 직장 생활을 시작했다. 일한은 세계적인 전기회사 제너럴 일렉트릭 컴퍼니에 회계사로 취직했는데, 이는 동양인으로서는 최초였다. 입사 후 일도 잘했던 일한은 입사 1년 뒤 동양 현지 총책임자를 맡아달라는 제안까지 받았다. 그렇지만 직장 생활로는 생각만큼 큰돈을 벌 수 없다는 것을 깨닫고 회사를 그만뒀다.

사업을 하기로 결심한 일한은 적은 자금으로 시작할 수 있는 사업 아이템을 찾던 중 중국식 만두를 떠올렸다. 인기가 많았던 중국식 만두의 필수 재료인 숙주나물은 늘 공급이 부족했던 것이다. 이에 일한은 숙주나물을 직접 재배하여 식당을 찾아다니면서 납품하기 시작했다.

일한의 생각대로 숙주나물 주문은 쇄도했고 사업은 나날이 커져갔다. 다만 숙주나물 사업에는 한 가지 큰 문제가 있었다. 숙주나물은 금방 시들어버리기 때문에 대량으로 생산할 수 없고 보관 기간도 너무 짧았다. 사업을 더 키우려면 이 문제를 반드시 해결해야만 했다.

숙주나물을 오래 보관할 수 있는 방법을 연구한 끝에 일한은 숙주나물 통조림 기술을 개발했다. 이후 사업 확장을 위해 대학교 동창인 월레스 스미스에게 동업을 제안했다. 그렇게 1922년 식품회사 '라 초이La Choy'가 설립되었다. '라 초이'는 불어로 '중국' 또는 '고급 음식'을 의미하는 단어다.

유통이 쉬워진 숙주나물 통조림은 중국인을 포함해 동양인 식

라 초이 숙주나물 통조림

당과 가정에도 판매되기 시작했다. 라 초이는 꽤 성공적으로 운영
되었지만, 일한은 고민이 많았다. 동양인들은 숙주나물이 익숙했
으나 미국인들은 아주 생소해했기 때문이다.

1923년 8월 일한은 라 초이 통조림을 가득 실은 트럭을 타고 가
다가 오하이오주 번화가에 있는 한 백화점의 쇼윈도를 들이받는
사고가 났다. 꽤 요란한 교통사고에 현장 주변으로 경찰과 기자에
더해 사람들이 몰려왔다. 일한은 이때 경찰과 기자들에게 질문을
받고 숙주나물에 대해 자세히 설명했다. 다음 날 신문에는 일한의
교통사고 소식과 함께 라 초이에 대한 내용이 실렸다. 갑작스러운
사고였지만, 이 사고 덕분에 숙주나물이 널리 알려지며 라 초이 식
품 회사의 매출은 급증했다. 라 초이 식품 회사는 4년 만에 50만 달
러의 매출을 기록하며 400여 명의 직원을 둔 큰 회사로 발전했다.

───≫ **개인의 성공보다
동포의 건강**

1925년 일한은 북간도에 있던 가족들을 만나러 가는 여행 길에 잠시 조국 땅을 밟았다. 21년 만에 고향을 방문한 일한은 참담함을 금할 수 없었다. 동포 대다수가 가난에 더해진 각종 질병으로 죽어가고 있던 것이다. 더욱더 안타까운 사실은 대부분 기생충, 피부병, 감기같이 간단히 약으로도 쉽게 치료할 수 있는 병에 시달리고 있었다는 점이다. 당시 조선 땅에서는 제대로 된 약을 찾기 힘들었다. 온통 가짜 약장수들이 파는 거짓 만병통치약 천지였다. 일한은 이 문제를 반드시 해결하고 싶었다.

1926년 세브란스Severance병원을 설립한 올리버 에이비슨 박사로부터 편지 한 통이 날아왔다. 일한은 당시 연희전문대학교(지금의 연세대학교) 상과계열 교수로, 아내 호미리는 세브란스병원 소아과 과장으로 와달라는 내용이었다. 편지를 읽은 일한은 지금이 조국으로 돌아갈 타이밍이라는 것을 깨달았다. 다만 아내에게 온 제안만 받아들이고 본인은 교수직 대신 사업을 하기로 결정했다. 맨땅에 헤딩하며 크게 성장시킨 라 초이 식품 회사의 지분은 동업자인 월레스에게 25만 달러에 모두 넘겼다. 그렇게 조국으로 돌아온 일한은 '건강한 국민만이 주권을 누릴 수 있다'라는 신념으로 종로2가 덕원빌딩에 유한양행을 설립했다.

회사를 설립하는 과정은 결코 만만하지 않았다. 일단 일한이 미국에서 돌아올 때 회사를 정리하고 받은 돈으로 사 온 25만 달러치의 의약품을 서울세관에 모두 압류당했다. 소유주인 유일한 사장이 한국인이 아니라는 것과 약을 취급할 자격을 갖춘 의사나 약사가 밝혀져 있지 않다는 점 때문이었다.

일한은 곧바로 한국 국적을 취득하기 위해 노력했다. 한국 국적을 취득하는 데는 3개월의 시간이 필요했다. 그사이 아내 호미리는 한국 내에서 의사 면허를 갱신받았다. 유한양행은 당시 한국에 몇 없는 귀한 약사도 한 명 채용했다. 그러고 나서야 서울세관은 일한에게 압류했던 모든 의약품을 돌려주었다.

일한이 의약품 수입을 결심한 가장 큰 이유는 세브란스병원을 세운 에이비슨 박사로부터 품질 좋은 서양의 의약품이 너무나 부족하다는 이야기를 들었기 때문이다. 일한이 국내 최초로 시작한 수입 사업 덕분에 의약품은 필요한 곳에 적절히 제공될 수 있었다. 그렇지만 곧 경쟁자들이 등장했다. 1929년 조선총독부 뒤뜰에서 조선박람회가 개최되면서 일본 제약회사들이 본격적으로 한국 시장에 진출한 것이다. 당시 대부분의 도립병원 관리자는 일본인이었기에 의약품도 당연히 일본 제품을 사용했다.

⟶≫ '만병통치약', 안티푸라민의 탄생

일한은 유한양행의 수입 의약품을 영업하기 위해 우선 선교사들이 설립한 병원들을 일일이 직접 찾아갔다. 판로 개척을 위해 직접 운전하며 전국 방방곡곡을 돌아다녔다. 자동차가 들어갈 수 없는 곳이라면 나귀에 의약품을 싣고 찾아가기도 했다. 그 결과 서울의 세브란스병원, 평양의 기혈병원, 전주의 예수병원, 순천의 미동병원 등에서 유한양행의 의약품을 사용했다. 이 과정에서 의약품이 국민들에게 얼마나 중요한지 깨달은 일한은 일본보다 앞선 제약 회사를 만들겠다고 결심했다. 의약품 자체 개발의 의지를 다진 것이다.

유한양행 건물 2층에서 소아과를 운영하던 아내 호미리는 1933년 일한에게 바르는 소염제를 만들어볼 것을 제안했다. 당시 국내에는 연고라는 개념이 없어서 아이들에게 상처가 나도 발라줄 약이 없었기 때문이다. 일한은 호미리의 도움을 받아 유한양행 자체 기술로 첫 번째 의약품을 개발했다. 바로 안티푸라민^{Antiphlamne}이다. '염증을 일으키다'라는 의미를 가진 인프레임^{Inflame}과 '반대'의 의미를 가진 안티^{Anti}를 합쳐서 지은 이름이었다.

안티푸라민은 관절염, 신경통, 근육통 등 국소 부위 치료를 위해 개발되었지만 써본 사람들이 삐거나 멍들었을 때뿐만 아니라

안티푸라민

부르튼 손이나 벌레에 물린 곳 등 온갖 상처에 발랐다. 그러면서 급기야 '만병통치약'이라는 별명까지 붙었다. 이후 일한은 본격적인 제약 생산을 위해 경기도 부천시 소사면에 대지 2만 평을 매입한 뒤 제약 실험 연구소와 공장을 세우고 새로운 의약품 개발에 매진했다.

⟶ ≫ 국가를 위한 기업으로

어느덧 유한양행을 설립한 지 10년이 되던 해 일한은 중대한 결정을 내렸다. 개인 소유인 유한양행을 법인체 주식회사로 전환하는 것이었다. 지금은 법인체 주식회사가 일반적이지만, 당시 한국 상황에서는 생각지 못한 경영 방법이었다. 게다가 직원들에게 액면가의 10% 가격으로 주식을 배분했다. 국내 최초로 직원

주주제를 시행한 것이다. 원래 일한은 기업의 이익을 직원들과 골고루 나눠야 한다고 생각했다.

"국가, 교육, 기업, 가정. 이 모든 것은 순위를 정하기가 매우 어려운 명제들이다. 그러나 나로 말하면 바로 국가, 교육, 기업, 가정 순위다."

일한은 이렇게 말할 정도로 국가를 위해 기업을 운영하려 노력했다. 1969년 일한은 76살의 나이로 경영에서 물러나면서 아들에게 물려주는 대신 전문 경영인에게 회사를 맡겼다. 심지어 2년 뒤 생을 마감하면서는 가족들을 위한 약간의 재산을 제외한 대부분의 재산을 사회에 환원했다. 이후 유한양행은 창업주의 정신을 이어받아 지금까지도 1명의 사장이 임기 3년에 연임 한 번, 최대 6년의 임기를 지내는 전문 경영인제로 운영된다.

유일형에서 유일한으로

일한의 어린 시절 이름은 유일형이었다. 16살 때 신문 배달을 하기 위해 신문 보급소를 찾아 갔는데, 보급소 소장이 실수로 일형의 영어 이름 마지막 스펠링인 g를 빠뜨리고 il-han으로 표기해버렸다. 일형은 그 모습을 보고 대한제국의 '한'과 같은 한자를 써서 이름을 '일한(一韓)'으로 바꾸었다.

027

PENICILLIN

페니실린 1928년

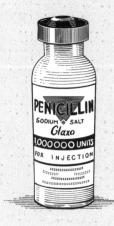
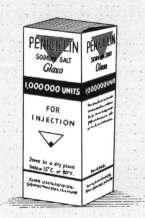

인류의 기대 수명을 늘린 푸른 곰팡이

페니실린이 등장하기 전 인류의 사망 요인 1위는 감염이었다. 마땅한 치료약도 없는데다 청결하지 못한 환경 탓에 감염병에 걸리면 속수무책으로 죽음을 맞을 수밖에 없었다. 페니실린이 등장하고 나서야 인류는 기나긴 감염과의 전쟁에서 승기를 잡을 수 있게 되었다. 인류의 기대 수명을 늘리는 데 크게 기여한 페니실린은 대체 어떻게 개발된 것일까?

"세균과의 전쟁에서
마침내 승리하다."

─────≫ **엉뚱한 천재
알렉산더 플레밍**

알렉산더 플레밍Alexander Fleming(1881~1955)은 빅토리아 여왕이 영국을 통치하던 1881년 8월 6일 영국 스코틀랜드 에어셔주 로호필드에서 태어났다. 그렇게 알렉산더는 전형적인 스코틀랜드식 교육을 받으며 자라게 되는데, 그가 7살이 되던 해에 아버지가 세상을 떠나며 가정 형편이 어려워졌다. 다행히 열심히 공부하던 형과 누나의 영향을 받은 알렉산더는 장학금을 받을 정도로 열심히 공부했다.

1895년 알렉산더는 런던에서 의사로 일하던 형 토마스 플레밍의 제안에 따라 런던으로 넘어와 형과 함께 살기 시작한다. 이곳에서 현재의 웨스트민스턴 대학교인 리젠트 스트리트 폴리테크닉을 다니며 고등교육을 마친 뒤 런던의 한 해운 회사에 취업하여 4년간 일했는데, 그 일에 특별한 흥미는 느끼지 못했다. 그러다 1899년 10월 네덜란드계 보어인이 세운 트란스발 공화국과 오렌지 자유국의 연합군과 영국 사이의 전쟁, 제2차 보어전쟁이 일어났다. 알렉산더와 그의 두 형은 1900년 스코틀랜드 연대에 입대했지만, 전장 투입 전에 영국이 트란스발 대부분을 점령했기 때문에 거기까지 갈 필요가 없어졌다. 그 덕분에 알렉산더는 부대 내에서 사격, 수영, 수구 등 온갖 스포츠 활동을 즐길 수 있었다.

이 시기 알렉산더는 삼촌으로부터 약간의 유산을 물려받았다. 의사인 형 토마스가 알렉산더에게 자신과 같은 의사가 되라며 계속해서 권했다. 1901년 알렉산더는 군에서 나와 의과대학교 입학시험을 준비하기 시작했다. 공부에 소질이 있던 그는 이 시험에서 최고 점수를 받아 원하는 의과대학교를 선택해서 입학할 수 있었다. 총 3개의 의과대학교가 후보였고, 모두 알렉산더의 집에서 비슷한 거리에 위치해 있었다. 하지만 대학교들에 대해 아는 것이 거의 없었던 알렉산더는 런던 세인트 메리 의과대학교에 입학하기로 결정한다. 수구 경기를 할 때 세인트 메리를 상대 팀으로 만나본 적이 있다는 황당하고도 단순한 이유에서였다.

───≫ **세균에 대해
연구를 시작하다**

1905년 알렉산더는 영국의 기초 의학학위를 취득했다. 특별히 가고 싶은 과도 없었던 그는 고민 끝에 외과를 전공하기로 마음먹었다. 이때 마침 어떤 사람이 알렉산더에게 세균학과에 오라고 설득했다. 알렉산더를 설득한 이는 세인트 메리 사격 클럽의 주장으로 세균학과 전공이었다. 알렉산더가 사격에 소질이 있다는 이야기에 사격 클럽에 들어오라고 설득하면서 세균학과도 함께 영업한 것이었다. 이에 넘어간 알렉산더는 결국 세균학과로 전공을 바꾸고 사격 클럽에도 가입한다.

당시 세인트 메리 의과대학교 세균학과에는 1896년에 최초의 장티푸스 백신을 개발한 백신 치료와 면역학의 권위자 앨므로스 에드워드 라이트Almroth Edward Wright 교수가 있었다. 앨므로스 교수 밑에서 공부하던 중 제1차 세계대전이 일어났고, 영국왕립군사의 무단의 의무장교로 복무하게 된 앨므로스 교수를 따라 알렉산더도 전장으로 가게 되었다. 알렉산더 말고도 앨므로스 교수 연구팀 직원 대부분이 야전 병원 연구소에서 부상자들을 치료하기 위해 프랑스로 향했다.

이 전쟁으로 인해 수많은 병사가 다치고 죽었다. 안타까운 점은 전투로 인한 사망보다 2차 세균 감염으로 인한 파상풍이나 패혈

증으로 목숨을 잃는 이들이 훨씬 많다는 것이었다. 제1차 세계대전이 끝나고 알렉산더는 세균의 감염을 이겨낼 수 있는 물질의 필요성을 크게 느꼈다. 이에 전쟁 후 세인트 메리 의과대학교로 돌아와서 박테리아 배양과 항균 물질에 관련된 연구를 이어갔다.

1921년 알렉산더는 눈물 같은 체액을 연구하다가 체액 속에서 세균의 세포벽을 파괴하는 단백질 효소인 항균 물질을 발견했다. 12년 전 러시아의 과학자 라쉬첸코가 달걀 흰자에서 이 성분의 항균 효과를 발견했지만, 물질을 분리하는 데 성공한 것은 알렉산더였다. 알렉산더는 이 물질에 '용해하는 효소'라는 의미로 라이소자임Lysozyme이라는 이름을 붙였다.

⟶≫ 게으른 과학자의 우연한 발견

알렉산더는 유능한 세균학자로 널리 알려져 있지만, 게으르고 지저분한 학자로도 유명했다. 1928년 포도상구균에 대해 연구하던 알렉산더는 포도상구균을 배양한 배양접시를 그대로 둔 채 2주간 휴가를 떠나버렸다. 보통의 연구원들은 박테리아 배양실험을 한 후 배양접시를 바로 세척하는데 말이다.

1928년 9월 휴가에서 돌아온 알렉산더는 포도상구균이 담긴 배양접시에서 푸른곰팡이가 가득 피어난 모습을 보았다. 그런데 신기할 정도로 곰팡이 주변에 세균이 하나도 없었다. 알렉산더는 정체를 알 수 없는 이 푸른곰팡이에 들어 있는 밝혀지지 않은 물질이 세균을 죽인다는 사실을 알아차리고 '가느다랗고 털이 많다'는 뜻의 페니실린penicillin이라는 이름을 붙였다. 이후 페니실린이 연쇄상구균, 뇌막염균, 임질균, 디프테리아균에도 항균 효과가 있다는 사실을 이어서 밝혀냈다.

라이소자임처럼 페니실린 역시 알렉산더보다 먼저 발견한 이가 있었다. 무려 32년 전인 1896년 프랑스 군의관 에르네스트 뒤센이었다. 그는 특이한 방식으로 군마軍馬의 안장을 관리하는 소년들을 만났다. 소년들은 습기가 차고 어두운 방에 안장을 보관하여 안장 아래쪽에 일부러 곰팡이가 자라도록 했다. 에르네스트가 소년들에게 안장을 어두운 곳에 보관하는 이유를 묻자, 소년들은 사람을 많이 태워 안장에 등이 쓸리면서 말이 고통스러워할 때 이 곰팡이가 통증을 완화해준다고 답했다.

이 점을 흥미롭게 생각한 에르네스트는 곰팡이로 만든 용액을 병든 기니피그에게 주입했는데, 놀랍게도 기니피그가 완치되었다. 에르네스트는 해당 연구 내용으로 논문을 썼지만, 안타깝게도 별로 주목받지 못하고 결국 1912년 결핵으로 세상을 떠났다. 그리고 시간이 흘러 알렉산더가 페니실린을 게으른 덕분에 우연히 발견하게 된 것인데, 아마도 에르네스트의 연구에 대해 몰랐던 것으로 추정된다.

——》 이제 항생제도
대량 생산할 수 있습니다

알렉산더는 항균 물질인 페니실린을 발견하긴 했지만 곧
난관에 부딪혔다. 항생제로 대량 생산하려면 푸른곰팡이 용액으
로부터 순수한 페니실린을 분리해야 했기 때문이다. 실패에 실패
를 거듭하던 알렉산더는 결국 1932년 이후 페니실린에 관한 연구
를 사실상 포기했다.

그러다 1939년 알렉산더의 페니실린 연구에 관심을 가진 이들
이 나타났다. 바로 옥스퍼드 대학교의 언스트 보리스 체인Ernst Boris
Chain과 하워드 월터 플로리Howard Walter Florey 박사였다. 이들은 항균
물질에 대한 연구를 하던 중 알렉산더의 논문을 발견하고 페니실
린에 관련된 연구를 시작했다.

당시 동물 실험은 대부분 모르모트를 활용했는데, 언스트와 하
워드는 모르모트 대신 생쥐를 대상으로 실험했다. 페니실린은 모
르모트에게 독성이 있어 원래대로 모르모트로 실험했다면 성공
하기 어려웠을 텐데, 우연히 모르모트 대신 생쥐를 대상으로 연구
하면서 두 사람은 1940년 순수한 페니실린을 분리하는 데 성공할
수 있었다. 페니실린은 우연과 우연이 겹쳐 개발된 셈이다.

페니실린 광고 포스터

당시는 제2차 세계대전 중이었다. 그렇기 때문에 순수한 페니실린의 분리는 그만큼 큰 기대를 불러모았다. 1941년 2월 12일 포도상구균에 폐와 눈이 감염된 첫 번째 임상 시험자 43살의 경찰관 알버트 알렉산더에게 페니실린이 투약되었고, 회복력도 확인할 수 있었다. 문제는 언스트와 하워드의 연구 방법으로는 수율이 아주 낮아 소량의 페니실린만 생산이 가능하다는 것이었다.

페니실린의 부족으로 투약이 중단되자 알버트는 끝내 사망하고 말았다. 언스트와 하워드는 영국 내에서 계속 대량 생산에 도전했지만 실패하고, 결국 미국의 제약 회사들에 지원을 요청했다. 이때 록펠러Rockefeller 재단이 그들을 지원하면서 언스트와 하워드는 미국의 전문가들과 협업할 수 있었다.

한편 1943년 초 미국을 포함한 연합군은 노르망디 상륙 작전을 기획 중이었다. 전쟁이 시작되기 전 미국 정부는 페니실린을 확보하고자 여러 제약 업체에 페니실린 생산을 요청했다. 이때 한 구연산 제조 회사가 기적적으로 페니실린 대량 생산의 해결책을 찾았다. 이를 구현한 회사는 당시만 해도 설탕을 곰팡이로 발효시켜 구연산을 만들던 화이자pfizer였다.

화이자의 기계공인 재스퍼 허버트 케인은 전기모터를 이용해 발효조 밑바닥의 배양액을 휘젓는 방식으로 공기를 불어 넣는 딥

탱크 발효법을 고안해냈다. 이 방법은 구연산보다 의약품 원료 제
조에 더 적합했다. 1944년 3월 1일 성공적으로 페니실린의 대량
생산을 시작한 화이자는 1944년 6월 노르망디 상륙 작전에 투입
된 페니실린의 90%를 공급할 수 있었다. 이후 1945년 페니실린을
발견한 알렉산더와 페니실린을 분리하는 데 공을 세운 언스트와
하워드, 이 세 사람은 노벨 생리학 의학상을 공동 수상했다.

세계사를 바꾼 위대한 발견

페니실린을 발견하기 전까지만 해도 인류는 세균에게 속수무책으로 당할 수
밖에 없었다. 페니실린의 발견과 대량 생산법의 개발은 인류가 세균과 맞서 싸
울 수 있도록 만든 위대한 발견이다. 이에 1999년 알렉산더가 페니실린을 발견
한 영국 런던 세인트 메리 병원 실험실은 국제 역사적 화학 랜드마크로 지정되
었다. 2014년 영국문화원이 미국, 러시아, 영국, 독일 등 10개국에서 총 1만 명을
대상으로 설문 조사한 '지난 80년간 세계를 바꾼 80가지 사건'에서 페니실린의
대량 생산화가 인터넷망의 개발에 이어 2위에 오르기도 했다.

028

Volkswagen

폭스바겐 1937년

국민차를 넘어 전 세계인에게 사랑받은 자동차

많은 사람에게 사랑받아 해당 업계에 높은 지분율을 차지하는 제품 앞에는 '국민'이라
는 수식어가 붙는다. 그런데 국민차가 되겠다고 이름에서부터 선언한 브랜드가 있다.
바로 폭스바겐이다. 독일어로 '국민의 자동차'라는 뜻을 지닌 이 자동차 브랜드는 혁신
의 딱정벌레 모델 덕에 독일의 국민차를 넘어 전 세계인의 마음을 사로잡았다.

"독일의 도로를
딱정벌레가 뒤덮다."

—≫ **도로는 있는데 달릴 차가 없어?
그럼 만들어!**

1933년 집권 초기의 아돌프 히틀러에게는 고민이 있었다. 1929년에 시작되어 전 세계를 강타한 경제 대공황이었다. 대공황을 이겨내기 위한 대책 마련으로 공공사업을 계획했다. 바로 독일의 고속도로 시스템인 아우토반을 건설하는 것이었다.

1935년 프랑크푸르트에서 다룸슈타트를 잇는 세계 최초의 고속도로 아우토반의 첫 번째 구간이 탄생했다. 아우토반 사업 덕분에 독일에는 시원하게 뚫린 도로가 생겨났지만, 그 도로를 달릴 자동차는 거의 없었다. 이에 히틀러는 누구나 부담 없이 구입할 수 있는 자동차를 개발하기로 마음먹었다. 이에 천재 자동차 박사 페르디난트 포르쉐Ferdinand Porsche(1875~1951)에게 몇 가지 요구 조건과 함께 자동차 개발을 의뢰했다.

"첫 번째, 성인 2명과 어린이 3명을 태울 수 있을 것. 두 번째, 7L의 기름으로 100km를 달릴 것. 세 번째, 가격은 1,000마르크(당시 가치 25만 원)로 저렴하고 튼튼할 것. 네 번째, 후륜 구동이며 독일의 가혹한 겨울 환경을 고려하여 공랭 엔진을 탑재할 것."

당시 1,000마르크는 오토바이 정도 만들 수 있는 비용이었다. 그런데다 다른 자동차들은 대부분 포드 자동차의 영향을 받아 대부분 전륜 구동으로 제조되었다. 하지만 전쟁을 염두에 두고 있었던 히틀러는 전투 시 엔진을 보호할 수 있도록 차 뒤쪽에 탑재하기를 원했다. 또 엔진을 뒤로 보내면 텅 비게 되는 차의 앞 공간에 모래주머니를 채워 장갑차로 운용하려는 계획을 갖고 있었다. 히틀러는 아우토반 건설 당시부터 향후 시작될 전쟁을 준비하고 있었다.

다양하면서도 무리한 히틀러의 요구를 충족시킬 방법을 찾느라 포르쉐 박사는 큰 고민에 빠졌다. 그러다 문득 옆 나라 체코의 자동차 회사 타트라Tatra에서 생산하던 T97을 생각해냈다. T97은 차체가 많이 컸으며 1,800cc 가까운 엔진을 사용했기 때문에 연비와 제조 가격 등이 히틀러의 요구 조건에 맞지는 않았다. 이에 포

르쉐 박사는 T97의 구동계 레이아웃과 엔진 설계만 가져와서 새
로운 자동차를 설계했다.

──≫ 국민차에서
장갑차까지

히틀러는 1938년 독일 볼프스부르크 공장에서 열린 기공
식에서 포르쉐가 만든 자동차를 처음으로 보았다. 처음 봤을 때
는 디자인이 별로라며 마음에 들어하지 않았지만, 70일간 성능 테
스트를 마친 뒤 차량의 우수한 성능에 아주 흡족해했다. 그해 포
르쉐가 만든 새로운 자동차는 Kdf[Kraft durch Freude] 바겐[Wagen]이란 이
름으로 정식 출시되었다. '기쁨의 힘'이라는 의미였다. 이 이름을
싫어했던 포르쉐는 국민차라는 의미의 비공식 명칭인 '폭스바겐
[Volkswagen]'이라고 불렀다. 이 차가 바로 폭스바겐 비틀[Beetle] 1세대다.

Kdf 바겐

비틀이라고 부르기 시작한 것은 미국인들인데 독일에서 만들어낸 이 소형차의 외관이 딱정벌레를 닮아서 그렇게 부르기 시작했다고 한다.

히틀러는 국민들에게 폭스바겐 우표 900마르크어치를 구입하면 차 1대를 준다고 공표했다. 부의 상징인 자동차를 살 수 있다는 광고에 34만 명 이상의 사람들이 우표를 사들였다. 히틀러는 이를 통해 엄청난 돈을 거둬들였다. 막대한 우표 수익금은 고스란히 전쟁 비용으로 들어갔다. 당연한 이야기지만 히틀러의 약속은 끝까지 지켜지지 않았다. 우표를 산 사람들 중 차를 지급받은 사람이 단 한 명도 없었기 때문이다. 국민차란 미끼는 모두 전쟁을 위한 것이었다.

1939년 9월 독일의 폴란드 침공을 시작으로 제2차 세계대전이 시작되었다. 전쟁으로 인해 폭스바겐 공장은 비틀이 아니라 군용

©Thomas Quine

슈빔바겐

차량을 생산해야 했다. 그렇게 군용차량으로 개조되어 생산된 차량이 바로 1939년에 만들어진 퀴벤바겐Kübelwagen과 1942년에 만들어진 슈륙양용차 슈빔바겐Schwimmwagen이다. 전쟁 당시 비틀 대신 생산된 군용차량은 거의 6만 4,000대에 달했다.

──≫ 전쟁이 끝난
독일의 밑거름으로

제2차 세계대전이 끝나고 비틀을 만든 포르쉐 박사는 전범으로 낙인찍혀 2년간 수감 생활을 한다. 그러면서 폭스바겐의 운영권은 자연스럽게 영국에게 넘어갔다. 영국은 폭스바겐을 쓸모없다고 여겨 미국의 헨리 포드에게 주려고 했지만, 포드는 전범 기업이라는 나쁜 이미지를 염려하며 거절했다. 포드까지 거절하자 영국은 폭스바겐에 대한 관심을 끊었다. 설계나 설비 역시 압수하지 않고 방치했다.

폭스바겐의 경영은 독일의 기계공 출신이 하인즈 하인리히 노드호프Heinz Heinrich Nordhoff가 맡았다. 비엠더블유BMW, 오펠Opel, 제네럴모터스General Motors 등 다양한 자동차 회사에서 근무했던 그는 취임 첫해인 1948년에만 1만 9,244대의 비틀을 생산하도록 했다. 비틀은 연비가 좋아 유지비가 적게 들었기 때문에 전쟁으로 피폐해진 독일 서민들의 살림에 아주 안성맞춤이었다. 이 덕분에 비틀

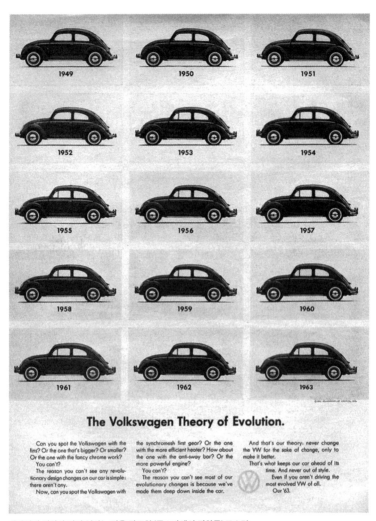

The Volkswagen Theory of Evolution.

Can you spot the Volkswagen with the fins? Or the one that's bigger? Or smaller? Or the one with the fancy chrome work? You can't?

The reason you can't see any revolutionary design changes on our car is simple: there aren't any.

Now, can you spot the Volkswagen with the synchromesh first gear? Or the one with the more efficient heater? How about the one with the anti-sway bar? Or the more powerful engine? You can't?

The reason you can't see most of our evolutionary changes is because we've made them deep down inside the car.

And that's our theory: never change the VW for the sake of change, only to make it better.

That's what keeps our car ahead of its time. And never out of style.

Even if you aren't driving the most evolved VW of all. Our '63.

디자인의 변화가 거의 없다는 것을 강조한 '폭스바겐의 진화론' 포스터의 수요는 급증했다. 비틀은 전쟁으로 무너진 독일 경제 회복의 밑거름이 되었다.

종전 이후 1만 대 이상 생산된 비틀은 미국 시장에 진출 직후 처음에는 고전했지만 차츰 인정받으면서 1955년 한 해에만 100만 대 이상을 팔았다. 1998년에는 2세대 모델인 뉴 비틀New Beetle을 출시했다. 전작과 달리 후륜 구동이 아니라 전륜 구동으로 바뀌었으며, '비틀'이라는 이름에 걸맞게 더 딱정벌레스럽게 디자인도 바뀌었다.

굿바이, 비틀

폭스바겐의 비틀은 역사적으로 크게 성공한 자동차 중 하나다. 전 세계적으로 2,100만 대 이상 팔리면서 역대 세 번째로 높은 판매율을 기록했다. 2003년 7월 멕시코 공장에서 생산을 중단하기까지 총 2,153만 대 정도가 제작될 정도였다. 2011년에는 3세대 모델인 더 비틀The beetle이 출시되었다. 그렇지만 비틀은 2019년 멕시코 공장에서의 마지막 생산을 끝으로, 80년 역사를 뒤로 하고 이제는 단종되었다.

참고 문헌

PART 1. 식탁 위의 오리지널

타바스코

https://www.tabasco.com/tabasco-history/
https://www.thespruceeats.com/tabasco-sauce-history-and-lore-3050514
http://montezumabrand.com/articles/the-real-history-of-tabasco/
https://64parishes.org/entry/avery-island
https://epicureandculture.com/tabasco-history/
https://www.npr.org/2002/11/29/861201/tabascos-hot-history
https://americanhistory.si.edu/blog/tabasco-and-war-against-bland-military-meals
http://www.metnews.com/articles/2004/reminiscing071504.htm

코카콜라

https://www.coca-colajourney.co.kr/stories/
https://medium.com/fgd1-the-archive/coca-cola-logo-1886-frank-mason-robinson-19d50f75
https://www.georgiaencyclopedia.org/articles/business-economy/john-stith-pemberton-1831-1888
https://allthatsinteresting.com/john-pemberton-who-invented-coca-cola
https://www.britannica.com/topic/The-Coca-Cola-Company
https://historydaily.org/john-pemberton-facts-stories-trivia
https://www.messynessychic.com/2016/05/03/how-a-wine-and-cocaine-cocktail-became-coca-cola/

허쉬

https://www.thehersheycompany.com/ko_kr/our-story/hersheys-happiness-history.html
https://www.hersheyland.com/about/history.html
https://hersheystory.org/wp-content/uploads/2015/06/Hershey-A-Model-Town.pdf
https://www.biography.com/business-figure/milton-hershey
https://hersheyarchives.org/encyclopedia/hershey-chocolate-company-1894-1900/
https://www.foxnews.com/food-drink/things-you-didnt-know-about-hersheys-chocolate
https://hersheyarchives.org/encyclopedia-tag/milton-hershey/
https://hersheyarchives.org/encyclopedia/theres-more-than-one-way-to-a-consumers-heart/
https://americanhistory.si.edu/blog/chocolate-bars-second-world-war

켈로그

https://www.kelloggs.com/en_US/who-we-are/our-history.html
https://www.kelloggcompany.com/en_US/our-heritage.html
https://www.britannica.com/topic/Kellogg-Company
https://biography.yourdictionary.com/john-harvey-kellogg
https://adventistheritage.org/ahm-sites/historic-adventist-village/health-reform-institute/
https://conference.kbs.msu.edu/manor-house/manor-house-history/
https://thecompassmagazine.com/blog/john-harvey-kellogg-the-most-famous-adventist
https://biography.yourdictionary.com/john-harvey-kellogg

조지 워싱턴 커피

박영순, 『커피인문학』 인물과사상사, 2017년
이현구, 『커피향 가득한, THE COFFEE BOOK』 지식과감성#, 2013년
http://www.historyofcoffee.net/coffee-history/instant-coffee-history/
https://dutchreview.com/culture/how-the-dutch-bought-new-york/
https://www.livescience.com/was-manhattan-sold-for-24-dollars.html
https://734coffee.com/blogs/news/the-impact-of-coffee-on-the-us-civil-war

하리보

https://www.haribo.com/en-us/about-us/history
https://www.forbes.com/sites/chelseadavis/2020/03/27/20-fun-facts-about-haribo-the-original-inventor-of-the-gummi-bear/?sh=366749da3d73
https://lmsdigitalnews.com/1117/uncategorized/the-history-of-the-haribo-gummy-bears/
https://www.thrillist.com/eat/berlin/things-you-didn-t-know-about-haribo
https://www.mentalfloss.com/article/22997/brief-history-gummy-bears
https://www.bonappetit.com/entertaining-style/pop-culture/article/history-gummy-bears
https://ilikegermany.com/german-food/haribo/
https://www.hdg.de/lemo/biografie/hans-riegel.html
https://www.voanews.com/a/germanys-iconic-gummy-bear-made--usa/3780760.html

스팸

Carolyn Wyman, 『SPAM: A Biography: The Amazing True Story of America's "Miracle Meat!"』 1991년
https://www.hormelfoods.com/newsroom/in-the-news/what-is-spam-anyway/
https://www.hormelfoods.com/newsroom/in-the-news/the-power-of-spam-how-a-canned-m
https://time.com/4827451/spam-history-80th-anniversary/
https://www.wired.com/2001/05/a-brief-history-of-spam-and-spam/
https://www.internetsociety.org/wp-content/uploads/2017/08/History20of20Spam.pdf

https://www.foxnews.com/food-drink/origins-of-spam-celebrating-80-years-of-the-canned-meat
https://www.livescience.com/32813-hormel-spam-no-mystery-meat.html

환타
Mark Pendergrast, 「For God, Country, and Coca-Cola」, Hachette UK, 2013년
https://www.coca-colajourney.co.nz/stories/the-evolution-of-fanta
https://www.businessinsider.com/how-coca-cola-invented-fanta-in-nazi-germany-2019-11
https://www.atlasobscura.com/articles/fanta-soda-origins-nazi-germany
https://taffymail.co.uk/a-brief-history-of-fanta/
https://medium.com/lessons-from-history/fanta-our-favourite-bright-orange-drink-with-a-dark-past-7f3224d23b6a
https://www.mashed.com/136112/the-untold-truth-of-fanta/

맥도날드
Ray Kroc, 「Grinding It Out: : The Making of McDonald's」, Martin's Griffin, 1992년
https://www.mcdonalds.com/us/en-us/about-us/our-history.html
https://corporate.mcdonalds.com/corpmcd/our-company/who-we-are/our-history.html
https://www.mashed.com/147897/the-tragic-real-life-story-of-the-mcdonald-brothers/
https://www.newenglandhistoricalsociety.com/mcdonald-brothers-open-restaurant-nh-shoe-factories-close/
https://www.pe.com/2015/05/14/happy-mcbirthday-mcdonald8217s-opened-75-years-ago-friday-as-bbq-joint/
https://www.dailymail.co.uk/news/article-3049644/How-McDonald-s-

페레로
https://www.ferrero.com/the-ferrero-group/a-family-story
https://www.nutellaworldbook.com/50-years
https://www.nutella.com/uk/en/inside-nutella/our-heritage#1965
https://www.forbes.com/feature/ferrero-candy-empire/#19e432636c49
https://www.forbes.com/profile/michele-ferrero/?sh=6ee4350f2ee4
https://peoplaid.com/2021/08/24/michele-ferrero/
https://www.bbc.com/news/magazine-27438001
https://www.dailymail.co.uk/news/article-3311559/The-real-life-Willy-Wonka-world-s-richest-chocolatier-invented-Ferrero-Rocher-Nutella-Kinder-hid-secret-recipes-Arabic-Cairo-away-spies.html

PART 2. 생활 속의 오리지널

질레트

Jeremy Coller, 『Splendidly Unreasonable Inventors: The Lives, Loves, and Deaths of 30 Pioneers Who Changed the World』 Abrams, 2009년

Splendidly Unreasonable Inventors: The Lives, Loves, and Deaths of 30 Pioneers Who Changed the World

https://gillette.com/en-us/about/our-story

https://guernseydonkey.com/the-safety-razor/

https://biography.yourdictionary.com/king-camp-gillette

https://www.fiftyplusadvocate.com/2021/04/27/257638-boston-salesman-king-campgillette-
changed-the-way-the-world-shaves/

https://www.bbc.com/news/business-39132802

https://www.school-for-champions.com/biographies/king_gillette.htm#.YYvAhWBBxPa

3M

https://www.3m.co.kr/3M/ko_KR/company-kr/about-3m/history/

https://saintpaulhistorical.com/items/show/386

https://www.business2community.com/leadership/mcknights-management-
methodology-01469203

https://multimedia.3m.com/mws/media/1712400/3m-century-of-innovation-book.pdf

https://www.mcknight.org/about/history/

샤프

https://global.sharp/corporate/info/history

https://www.vintagepens.com/Eversharp_history.htm

http://www.pendemonium.com/eversharp.htm

https://www.yourtechstory.com/2020/04/25/tokuji-hayakawa-a-successful-businessman-
of-sharp-corporation/

http://www.historyofpencils.com/writing-instruments-history/history-of-mechanical-pencils/

http://markhillcollects.blogspot.com/2009/04/sampson-mordan-pencils.html

https://www.varsitytutors.com/blog/the+2+pencil+how+its+history+has+been+written

크리넥스

https://www.kleenex.co.uk/kleenex-history

https://kimberlyclarkneenah.weebly.com/timeline.html

https://www.thoughtco.com/history-of-kleenex-tissue-1992033

https://www.companieshistory.com/kimberly-clark/
https://www.company-histories.com/Kimberly-Clark-Corporation-Company-History.html
http://www.shinailbo.co.kr/news/articleView.html?idxno=1120591
http://www.dvnnews.com/news/articleView.html?idxno=14797

지포

https://reference.jrank.org/biography-2/Blaisdell_George_Grant.html
https://www.zippo.com/pages/then-now
http://www.moonlightzippo.de/english/legend.htm
https://www.heddels.com/2018/05/the-lasting-draw-of-zippo-lighters/
http://www.zippo-windproof-lighter.de/BarbourSt/Zippo%27s%20Barbour%20Street%20Building.htm
https://www.referenceforbusiness.com/history/Vi-Z/Zippo-Manufacturing-Company.html

레고

https://www.lego.com/en-us/history/
https://www.thoughtco.com/lego-toy-bricks-first-introduced-1779349
https://www.mentalfloss.com/article/19400/early-history-lego
https://theleonardo.org/the-history-of-lego/
https://www.famousinventors.org/ole-kirk-christiansen
https://gigazine.net/gsc_news/en/20160203-bricks-before-lego/
https://brickipedia.fandom.com/wiki/Automatic_Binding_Brick
https://www.hilarypagetoys.com/Home/History/26/0
https://b1creative.com/2021/10/04/the-history-of-the-lego-minifigure/

모노폴리

https://landlordsgame.info/
https://www.washingtonpost.com/nation/2019/09/11/ms-monopoly-female-inventor-lizzie-magie
https://www.smithsonianmag.com/arts-culture/monopoly-was-designed-teach-99-about-income-inequality-180953630/
https://invention.si.edu/woman-inventor-behind-monopoly
https://www.womenshistory.org/articles/monopolys-lost-female-inventor
https://www.kocca.kr/knowledge/research/_icsFiles/afieldfile/2010/05/01/inDqoAm2BEX2.pdf
https://www.henrygeorge.org/dodson_on_monopoly.htm
https://www.visitforgottonia.com/lizzie-magie-inventor-of-monopoly/
https://landlordsgame.info/index.html
https://www.washingtonpost.com/nation/2019/09/11/ms-monopoly-female-inventor-lizzie-magie/

폴라로이드

http://www.koreascience.kr/article/JAKO199271935241617.pdf

https://www.rewindandcapture.com/why-is-polaroid-called-polaroid/

https://www.acs.org/content/acs/en/education/whatischemistry/landmarks/land-instant-photography.html

http://uljinbando.co.kr/jarosil/peunkang/peunkang.htm

https://delphipages.live/ko/%EC%97%AC%EB%9F%AC-%EA%B0%80%EC%A7%80-%EC%9E%A1%EB%8B%A4%ED%95%9C/robert-williams-wood

http://www.astronomer.rocks/news/articleView.html?idxno=83567

아디다스

https://www.adidassler.org/en/life-and-work/chronicle

https://www.adidas-group.com/en/about/history/

https://www.adidas.com/us/blog/392942-adidas-history-1949-to-now

https://www.designboom.com/design/adi-dasslers-first-shoes-an-exhibition-by-adidas/

https://www.gameplan-a.com/2021/08/the-history-of-adidas-a-background-of-collaboration-and-innovation/

https://www.britannica.com/topic/Adidas-AG

PART 3. 역사를 바꾼 오리지널

아메리칸 엑스프레스

시노하라 이사오, 『역마차와 푸른지폐』, 사과나무, 2001년

https://publishing.rchs.com/wp-content/uploads/2015/11/RCHS_Fall1999_Lindley.pdf

https://www.encyclopedia.com/social-sciences-and-law/economics-business-and-labor/businesses-and-occupations/american-express-company

https://www.britannica.com/topic/American-Express-Company

www.westerncoversociety.org/early-western-mail-articles/notes-by-h-b-phillips-vol-1-adams-burns/appendix-listing-of-eastern-express-companies-march-1897/#.YZOvK2BBxPZ

바세린

http://www.cosmeticsandskin.com/companies/chesebrough.php

https://www.unileverusa.com/brands/beauty-personal-care/vaseline/

https://www.itfind.or.kr/WZIN/iitajournal/13/focus_04.htm

https://medium.com/knowledge-stew/the-interesting-history-of-vaseline-aka-petroleum-jelly-4869e5a6d6e

https://aoghs.org/products/vaseline-maybelline-history/

아스피린

https://www.aspirin-foundation.com/history/the-aspirin-story/

http://www.casinapioiv.va/content/dam/accademia/pdf/acta18/acta18-szczeklik.pdf

https://patentimages.storage.googleapis.com/62/46/d9/09fd53c0b3acb7/KR101788359B1.pdf

https://onlinelibrary.wiley.com/doi/pdf/10.1111/bjh.14520

https://www.ncbi.nlm.nih.gov/pmc/articles/PMC1995051/

https://pharmaceutical-journal.com/article/infographics/a-history-of-aspirin

https://pubmed.ncbi.nlm.nih.gov/30391545/

활명수

https://www.dong-wha.co.kr/company/whalmyungsu.asp

https://www.kocis.go.kr/koreanet/view.do?seq=3364

http://www.bosa.co.kr/news/articleView.html?idxno=2036305

http://encykorea.aks.ac.kr/Contents/Item/E0020066

https://www.joongang.co.kr/article/19699365#home

https://www.newsthevoice.com/news/articleView.html?idxno=14467

http://www.e-patentnews.com/4870

http://www.greenpostkorea.co.kr/news/articleView.html?idxno=119396

포드

헨리 포드, 『나의 삶과 일』 필맥, 2019년

https://www.britannica.com/topic/Ford-Motor-Company

https://www.history.com/topics/inventions/henry-ford

http://hfha.org/the-ford-story/the-birth-of-ford-motor-company/

https://myautoworld.com/ford/history/company-history/ford-1903race/ford-1903race.html

https://cementanswers.com/how-much-did-the-quadricycle-cost/

http://www.iautocar.co.kr/news/articleView.html?idxno=5278

https://michigankoreans.com/archives/17194

롤스로이스

제임스 워드, 『문구의 모험 - 당신이 사랑한 문구의 파란만장한 연대기』 어크로스, 2015

www.rolls-roycemotorcars.com/ko_KR/inspiring-greatness/values/how-rolls-met-royce.html

https://www.rolls-royceandbentley.co.uk/

https://www.iheadlinenews.co.kr/news/articleView.html?idxno=1924

https://www.press.rolls-roycemotorcars.com/rolls-royce-motor-cars-pressclub/photo/detail/
P90157893/1904-rolls-royce-10hp-two-cylinder-car

https://www.gracesguide.co.uk/F._H._Royce_and_Co

https://www.firstversions.com/2017/01/rolls-royce-1st-model-ever.html

유한양행

정혁준, 『유일한 이야기 - 십대를 위한 롤모델』, 꿈결, 2016년
김형석, 『유일한의 생애와 사상』, 올댓스토리, 2016년
https://www.yuhan.co.kr/Founder/founder_list.html
https://www.yuhan.co.kr/micro/down_02.pdf
https://news.mt.co.kr/mtview.php?no=2019042311587610084

페니실린

클라이브 톰슨, 『생각은 죽지 않는다 - 인터넷이 생각을 좀먹는다고 염려하는 이들에게』, 알키, 2015년
https://www.nobelprize.org/prizes/medicine/1945/florey/biographical/
https://kids.donga.com/mobile/?ptype=article&no=20199907204691
https://spartacus-educational.com/FWWflemingA.htm
https://www.123helpme.com/essay/Alexander-Fleming-The-Discovery-of-Penicillin-281211
https://www.pbs.org/wgbh/aso/databank/entries/bmflem.html
https://www.britannica.com/biography/Alexander-Fleming
https://amkorinstory.com/3868

폭스바겐

https://idaoffice.org/posts/the-history-of-volkswagen/
https://www.volkswagen-newsroom.com/en/history-3693
https://www.history.com/this-day-in-history/volkswagen-is-founded
https://www.britannica.com/topic/Volkswagen-Group
https://www.fastcompany.com/1512941/history-volkswagen

KI신서 10030

오리지널의 탄생

1판 1쇄 발행 2022년 1월 12일
1판 5쇄 발행 2023년 4월 28일

지은이 세상의모든지식
펴낸이 김영곤
펴낸곳 ㈜북이십일 21세기북스

콘텐츠개발본부 이사 정지은
인문기획팀장 양으녕 **인문기획팀** 이지연 서진교 정민기
디자인 THIS-COVER
출판마케팅영업본부장 민안기
출판영업팀 최명열 김다운
마케팅1팀 배상현 김신우 한경화 강효원
e-커머스팀 장철용 권채영
제작팀 이영민 권경민

출판등록 2000년 5월 6일 제406-2003-061호
주소 (10881)경기도 파주시 회동길 201(문발동)
대표전화 031-955-2100 **팩스** 031-955-2151 **이메일** book21@book21.co.kr

ⓒ세상의모든지식, 2022

ISBN 978-89-509-9862-2 03320

㈜북이십일 경계를 허무는 콘텐츠 리더

21세기북스 채널에서 도서 정보와 다양한 영상자료, 이벤트를 만나세요!
페이스북 facebook.com/jiinpill21   포스트 post.naver.com/21c_editors
인스타그램 instagram.com/jiinpill21   홈페이지 www.book21.com
유튜브 youtube.com/book21pub

서울대 가지 않아도 들을 수 있는 명강의! 〈서가명강〉
유튜브, 네이버, 팟캐스트에서 '서가명강'을 검색해보세요!

책값은 뒤표지에 있습니다.
이 책 내용의 일부 또는 전부를 재사용하려면 반드시 (주)북이십일의 동의를 얻어야 합니다.
잘못 만들어진 책은 구입하신 서점에서 교환해드립니다.